U0543692

"国培计划"优秀成果出版工程·陕西系列

中小学教师师德素养提升80讲

张军学 曹永川 国晓华 主编

西南师范大学出版社
全国百佳图书出版单位 国家一级出版社

图书在版编目（CIP）数据

中小学教师师德素养提升80讲 / 张军学，曹永川，国晓华主编. —重庆：西南师范大学出版社，2016.12

ISBN 978-7-5621-8407-2

Ⅰ.①中… Ⅱ.①张… ②曹… ③国… Ⅲ.①中小学—教师—师德—研究 Ⅳ.①G635.16

中国版本图书馆CIP数据核字（2017）第000228号

名师工程系列丛书

编委会主任：马　立　宋乃庆
总策划：周安平
策　划：李远毅　卢　旭　郑持军　郭德军

中小学教师师德素养提升80讲
张军学　曹永川　国晓华　主编

责任编辑：	张浩宇
文字编辑：	李　婕
特约编辑：	祁篆萍
封面设计：	天之赋设计室
出版发行：	西南师范大学出版社
	地址：重庆市北碚区天生路1号
	邮编：400715　市场营销部电话：023-68868624
	http://www.xscbs.com
经　　销：	新华书店
印　　刷：	重庆荟文印务有限公司
开　　本：	720mm×1030mm　1/16
印　　张：	16.25
字　　数：	250千字
版　　次：	2017年6月　第1版
印　　次：	2018年4月　第2次印刷
书　　号：	ISBN 978-7-5621-8407-2
定　　价：	43.00元

若有印装质量问题，请联系出版社调换
版权所有　翻印必究

前　言

做党和人民满意的好老师

师者，治世之本，万世之表。据许慎《说文解字》，"师"本义为古代军队的一种编制，二千五百人为一师，"师之言帅也"。其引申义是代表某种共通性理念，具有权威，能够教导他人，且传沿思想和观念的人，也就是我们今天所说的"教师"。师者，为人垂范也，德之彰显也；德者，品高也，德无不聚也，"师"是"德"的培育者和"行"的倡导者，"学高为师，身正为范"是教师形象的最好描述。

国将兴，必贵师而重傅。教师是立校之本，师德是教育之魂，教师之本首在师德。师德建设与国家的兴旺发达息息相关，师德建设对实现伟大"中国梦"、国家的富强、教育的繁荣意义重大，加强师德建设是我们教师队伍建设中的一个永恒主题。

从1984年第一次颁布《中小学教师职业道德要求（试行草案）》至今，我国先后四次颁布了中小学教师职业道德规范。2010年，全国教育工作会议隆重召开，中共中央、国务院全面部署实施《国家中长期教育改革和发展规划纲要（2010—2020年）》，开启了中国教育的新时代。2013年9月2日，教育部印发了《关于建立健全中小学师德建设长效机制的意见》（教师〔2013〕10号），提出了建立健全教育、宣传、考核、激励、监督、惩处、保障师德建设七大机制。为规范教师职业行为，保障教师、学生的合法权益，2014年1月11日，教育部制定了《中小学教师违反职业道德行为处理办法》（教师〔2014〕1号）。

2014年9月9日，习近平同志同北京师范大学师生代表座谈时的讲话，对广大教师提出了"四有"的殷切希望。特别强调了做好老师，要有道德情操。"师也者，教之以事而喻诸德者也。""师者，人之模范也。"老师是学生道德修养的镜子，好老师首先应该是以德施教、以德立身的楷模；好老师应该取法乎上、见贤思齐，不断提高道德修养，提升人格品质。习近平同志同时告诫我们，做好老师，要有仁爱之心。教育是一门"仁而爱人"的事业，老师的爱，既包括爱岗位、爱学生，也包括爱一切美好的事物。

为学习贯彻习近平同志教师节前夕的讲话精神，为各级教育部门和广大教师及时提供相应的学习资源，增强广大教育工作者办好人民满意的教育的使命感和紧迫感，促进各中小学幼儿园的师德建设，努力造就德才兼备的高素质教师队伍，陕西省中小学教师队伍建设"师德建设与教师专业成长研究"重大招标课题组，根据师德研究和教育实践的相关成果，编写了《中小学教师师德素养提升80讲》，分为理论研究篇40讲、政策法规篇40讲，另外在师德标兵篇提供了20例实践案例，力求能在帮助广大教师明确师德内涵、更新师德观念、树立职业理想、坚定职业信念等方面发挥一定作用。

师德建设的理论与实践研究，是我们当前思想政治教育工作要解决的一项重要课题。但愿这本书对加强和改进师德建设能有一定的借鉴意义和参考价值，对教师队伍建设能起到一定的推动作用。

目 录

理论研究篇

第1讲　什么是"道德"？/3

第2讲　什么叫"教师职业道德"？/4

第3讲　"教师职业道德"与"道德"的联系和区别是什么？/6

第4讲　教师职业道德形成和发展的影响因素有哪些？/7

第5讲　教师职业道德的特点有哪些？/9

第6讲　教师职业道德的实践功能表现在哪些方面？/12

第7讲　教师职业道德的作用有哪些？/16

第8讲　教师职业道德的基本原则是什么？/19

第9讲　教师职业道德的基本原则可以细化为哪几个方面？/21

第10讲　强化教师职业道德的意义何在？/23

第11讲　加强师德建设的重要意义是什么？/25

第12讲　教师的职业理想表现在哪些方面？/27

第13讲　教师的职业责任表现在哪些方面？/28

第14讲　教师的职业态度表现在哪些方面？/29

第15讲　教师的职业纪律表现在哪些方面？/31

第16讲　教师的职业技能表现在哪些方面？/32

第 17 讲　教师的职业良心表现在哪些方面？/34

第 18 讲　教师的职业作风表现在哪些方面？/36

第 19 讲　教师的职业荣誉表现在哪些方面？/38

第 20 讲　"教师专业标准"的基本理念对教师的总体要求是什么？/39

第 21 讲　"以人为本"在教育领域应体现在哪些方面？/41

第 22 讲　"学生为本"的师德观的具体内容是什么？/43

第 23 讲　"学生为本"的师德观对教师的具体要求是什么？/45

第 24 讲　"学生为本"的师德观的意义何在？/47

第 25 讲　"师德为先"对教师的具体要求是什么？/49

第 26 讲　"能力为重"对教师的具体要求是什么？/51

第 27 讲　为什么说"终身学习"是教师专业的根本保证？/53

第 28 讲　树立"终身学习"理念的重大意义是什么？/54

第 29 讲　"终身学习"对教师的具体要求有哪些？/56

第 30 讲　中国传统师德的基本内容是什么？/58

第 31 讲　中国传统师德的主要特征有哪些？/61

第 32 讲　中国传统师德的现代价值是什么？/63

第 33 讲　新时期教师在职业道德方面还存在哪些具体问题？/65

第 34 讲　教师职业道德失范的成因有哪些？/67

第 35 讲　如何发挥政府和社会在师德建设中的宏观作用？/70

第 36 讲　学校如何完善师德教育培训体系，建立健全师德考评制度？/73

第 37 讲　学校如何建立健全师德监督体系？/75

第 38 讲　教师如何加强自身的师德修养？/77

第 39 讲　教师怎样才能弘扬中国传统师德，做新时代良师？/80

第 40 讲　教师怎样才能保持良好状态，实现自我价值？/83

政策法规篇

第 41 讲　我国哪些教育法律明确规定了教师职业道德要求？/89

第 42 讲　我国哪些重要政策文件提出了教师职业道德要求？/90

第 43 讲　《教育法》的重要地位和立法基础是什么？/91

第 44 讲　《教育法》的立法特点和作用有哪些？/93

第 45 讲　新修订的《义务教育法》有哪些重大突破？/95

第 46 讲　《义务教育法》对学校和教师有哪些职业道德要求？/98

第 47 讲　《未成年人保护法》修订的背景和变化是什么？/100

第 48 讲　《未成年人保护法》（修订版）对学校和教师有哪些具体要求？/104

第 49 讲　《预防未成年人犯罪法》的立法目的和意义是什么？/106

第 50 讲　根据《预防未成年人犯罪法》，教师和学校应做好哪些方面的工作？/109

第 51 讲　《教师法》的法律地位和立法宗旨是什么？/111

第 52 讲　《教师法》中规定的教师的权利有哪些？/113

第 53 讲　《教师法》中规定的教师义务有哪些？/116

第 54 讲　《教师法》中规定在哪些情形下可对教师进行行政处分或解聘？/119

第 55 讲　台湾省有关教师的规定中规定在什么情况下可以对教师进行解聘、停聘或不续聘？/120

第 56 讲　禁止体罚在我国的哪些法律中有明文规定？/121

第 57 讲　英、法、美等国家对体罚的法律规定是什么？/122

第 58 讲　在一些允许体罚的国家，有没有对体罚实施情形、手段、程序做出明确规定？/124

第59讲　在美国和日本，如何区分体罚和惩戒？/127

第60讲　国外对体罚和惩戒的规定对我国的教育有哪些启示？/129

第61讲　《儿童权利公约》的基本精神是什么？/130

第62讲　《国家中长期教育改革和发展规划纲要（2010—2020年）》中对教师队伍建设的规划是什么？/133

第63讲　《教育部关于加强学术道德建设的若干意见》的核心精神是什么？/135

第64讲　《教育部关于建立健全中小学师德建设长效机制的意见》中对教师的师德以及师德建设有哪些规定？/137

第65讲　《教育部关于进一步加强和改进师德建设的意见》中谈到加强和改进师德建设的主要任务有哪些？/140

第66讲　《教育部关于进一步加强和改进师德建设的意见》中谈到加强和改进师德建设的主要措施有哪些？/142

第67讲　教育部印发的《中小学教师违反职业道德行为处理办法》中规定教师的哪些行为是违反师德的行为？/144

第68讲　美国的教师专业标准制定的背景和目的是什么？/145

第69讲　美国四大全国性教师专业标准的总标准是什么？/147

第70讲　美国《教育专业伦理规范》的具体内容是什么？/149

第71讲　《中小学教师职业道德规范》的完善与发展过程分为哪几个阶段？/151

第72讲　《中小学教师职业道德规范》（2008版）的具体内容是什么？/154

第73讲　如何准确理解、贯彻落实《中小学教师职业道德规范》？/155

第74讲　《教育部关于大力加强中小学教师培训工作的意见》（教师〔2011〕1号）对师德建设的要求是什么？/157

第 75 讲 《国务院关于加强教师队伍建设的意见》(国发〔2012〕41 号) 有关师德要求的具体内容是什么？/158

第 76 讲 《基础教育课程改革纲要（试行）》对教师在教学过程中的要求有哪些？/160

第 77 讲 习近平同志同北京师范大学师生代表座谈时的讲话中提出的一个好老师的特质有哪些？/161

第 78 讲 《课不能停》体现了学校教师哪些优秀的职业道德品质？/164

第 79 讲 浙江女教师虐童事件给我们带来哪些警示？/166

第 80 讲 教师懈怠事件给我们的启示有哪些？/168

师德标兵篇

为了山城的孩子
　　——记河北省张家口市职教中心校长汪秀丽/173
不放弃一个学生的好教师
　　——记上海市杨浦区辛灵中学校长谢小双/178
在讲台上实现自己的人生价值
　　——记浙江省乐清市育英学校小学分校校长俞国平/184
点亮聋哑孩子的人生
　　——记湖北省武汉市第一聋校教师杨小玲/190
一辈子做学生的心灵导师
　　——记湖南大学文学院教授胡遂/195
崇高而淡泊的警院教师
　　——记重庆警察学院教授刘开吉/202
追求教育的核心价值
　　——记陕西省商洛中学教师刘占良/204
为孩子播下幸福的种子
　　——记甘肃省兰州市实验幼儿园园长刘志/209

格桑花只为信念而开
　　——记青海省海北州门源县第二中学高级教师孔庆菊/213
扬帆职海，卓立潮头
　　——记新疆农业职业技术学院教师丑武江/216
为了山娃快乐成长
　　——记河北省承德市围场县棋盘山学区莫里莫幼儿园教师李广/222
讲台上的璀璨人生
　　——记内蒙古锡林部加盟镶黄旗蒙古中学副校长乌兰/223
教学点里甘守寂寞
　　——记黑龙江省铁力市工农乡中心小学教师仲威平/225
醉心特教，无怨无悔
　　——记江苏省南京市溧水区特殊教育学校校长葛华钦/227
人不下鞍，马不停蹄
　　——记厦门大学教授潘懋元/228
农村职校谱写青春
　　——记江西省萍乡市武功山职业中等专业学校党支部书记王祖德/230
山区教育"领跑人"
　　——记山东省枣庄市共青希望学校校长陆繁伟/232
教学科研相得益彰
　　——记西北大学教授张国伟/233
焊接技师，育人高手
　　——记甘肃钢铁职业技术学院教师吕杰/235
潜心教研，执着课改
　　——记新疆生产建设兵团六师五家渠高级中学教师陆苏新/237
主要参考文献/239
后　记/241

理论研究篇

教师是人类思想文化的传播者,是各类人才的培养者。教师的劳动,同社会进步、经济发展、国家兴盛紧密相连。教师的职业道德体现着广大人民群众的根本利益,反映着整个社会教师的利益,它对促进教师完成教书育人工作,陶冶学生的情操,推动社会精神文明有着重要的作用,对于全面提高教育质量,办人民满意的教育,具有十分重要的意义。

第1讲

什么是"道德"?

从词源上讲,"道""德"二字在汉语中最早是分开使用的两个不同的概念。"道",最早见于《诗经》"周道如砥,其值如矢"。此处"道"是道路之意,后引申为原则、规则和规范,再后来则引申为道德或学说之意。"德",最初见于《周书》,指的是内心情感和内心信念。"德"字,早在中国商朝的甲骨文中就有,但其广泛的含义最早出现于《诗经》《尚书》等著作之中,多指德行、品德。西周青铜器大盂鼎铭文中的"德"字,是按礼法行事有所得之意。老子的《道德经》第五十一章:"道生之,德畜之,物形之,势成之。是以万物莫不尊道而贵德。道之尊,德之贵,夫莫之命而常自然。"其"道德"具有本体论意义的范畴。"道"指人类以及宇宙万物造化之本源和根本规律,是一种本源性、生长性的力量,它生长万物又分化于万物之中。"道"分化于万物之中的本性就是"德"。"德"是"道"贯通于万事万物而展现出来的内在本性,是"道"落实到人类社会生活领域中的行为原则。

"道"与"德"二字连用作为一个词,最早见于战国时期《荀子·劝学》中"故学至乎礼而止矣,夫是谓道德之极"。其含义是一切行为都按礼而行就达到了道德的最高境界,主要是指调整人们相互关系的行为准则和规范,有时也指个人的思想品质、修养境界、善恶评价,乃至泛指风俗习惯和道德教育活动等。

现代社会中,"道德"常被理解为"由一定社会的经济关系所决定的特殊的意识形态,是以善、恶为评价标准,依靠社会舆论、传统习惯和内心信念所维持的,用以调整人与人之间、人与社会之间的行为规范的总和"。

第 2 讲

什么叫"教师职业道德"?

职业道德是整个社会道德体系的重要组成部分,"它是与人的职业角色和职业行为相联系的一种高度社会化的角色道德"。具体地讲,职业道德是指从事一定职业的人,在特定的工作岗位和环境里应自觉遵守的道德原则和规范,它涉及理想、感情和行动多个领域。职业道德主要是针对职业行为的道德原则和规范,并通过从业人员的职业观念、职业态度、职业技能、职业纪律和职业作风以及他们工作的社会效果表现出来。

教师职业道德简称"师德",是指教师在其职业生活中,调节和处理与他人、与社会、与集体关系时所应遵守的基本行为规范或行为准则,以及在此基础上所表现出来的道德观念、情操和品质。它是社会职业道德的有机组成部分,是教师行业特殊的道德要求。人民教师应具有崇高的职业道德,才能保证自己履行崇高的社会职责。

教师职业道德是一般社会道德在教师职业中的一种特殊体现。教师职业道德是与教师这一职业密切联系的专门性道德,是围绕教书育人应尽职责而设立的特殊行业道德要求。教师职业道德不仅仅局限于教师在行业内所应遵守的行为规范或准则,还包括教师将职业道德规范内化而生成的自身的观念意识或行为品质,如个人的理想、观念、情操、品质等。因此,教师职业道德是使教师区别于其他职业的根本性标志和特殊要求,是教师专业化发展的基础。

"教师职业道德"与"教师道德"是有区别的。"教师职业道德"侧重于公德,"教师道德"侧重于私德。在教育实践中,教师职业道德具有专业性的职业生活特征,而教师道德是一个与日常生活相关联的概念,可以涉及个人道德体系的全方面。教师道德用思想境界高低作为评判标准,教师职业道德则需要借助于具有鲜明职业特征的道德规范来衡量。

教师职业道德具有如下基本含义。

一是揭示了教师职业道德的特性，说明它是教师这一职业所特有的，是与教师这种职业密切联系的专门性道德，是教师在其现实职业生活中应遵守并应具有的。

二是揭示了教师职业道德的基本内涵，说明教师职业道德不只包括教师在职业生活中所应遵循的行为规范和行为准则，还包括教师从这些规范或准则中内化而成的观念意识和行为品质。其一，外在行为规范或行为准则具有共性，它是对所有教师的共同要求，是所有教师都应共同遵守的。其二，行为规范或行为准则体现的是外在因素对教师职业行为的约束性，具有他律性。而在这一基础上表现出来的观念意识和行为品质，是外在规范或准则在教师个体身上的内在获得，体现的是教师个体内在的自主性或自觉性，具有自律性。其三，观念意识和行为品质是外在行为规范在个体的内在获得，其程度和表现水平在个体之间具有差异性。一名合格教师的外在行为规范是不可缺少的，还要能够自觉将这些行为规范内化为道德观念意识和道德行为品质，达到两者的和谐统一。

第3讲

"教师职业道德"与"道德"的联系和区别是什么?

教师职业道德是道德的一个特殊领域,它与道德既有联系又有区别。

道德作为社会共同生活中最基本、最普遍的善恶标准和观念,是教师职业道德的主要价值来源。在教师职业道德的发展中,道德总是为各种职业道德规范的确立提供合理性论证。教师职业道德,是社会道德的重要组成部分,是道德在教师职业领域中的特殊表现,它植根于道德基础之中,反映着道德对教师职业的专门化影响和作用。

教师职业道德与道德之间的区别:一是两者产生的时间和发展的状况不同。道德先于教师职业道德产生,是随着人类社会的产生而萌芽和产生的,教师职业道德是人类社会脑体分工之后才开始萌芽的;道德是随着社会整体的发展,在整个社会的广阔空间里形成和发展的,教师职业道德是在教师职业领域中形成和发展的,与教师职业密切相关。二是两者适用的范围不同。道德是社会公共生活中最一般、最普遍的善恶标准和观念,教师职业道德则是教师职业活动中特有的善恶标准和观念,因此道德的适用范围比较广泛,涉及社会生产生活的各个方面,对社会生产生活的各个方面都具有一般的指导价值和一定的善恶评价意义,教师职业道德的适用范围则没有道德那样广泛。虽然教师职业道德也能对社会其他方面产生一定的影响,但其总体上是适应教师职业的需要而产生的,具有专业的适用性,主要是对教师在教育活动中的行为进行调节,并给予善恶评价的。

第4讲

教师职业道德形成和发展的影响因素有哪些?

教师职业道德的形成和发展是受一定社会生活条件制约的。正确认识教师职业道德与社会经济条件和精神文化条件的关系，有助于我们深刻理解教师职业道德的社会本质，充分发挥教师职业道德的社会作用。

（1）社会经济关系制约教师职业道德

教师职业道德是在一定社会经济基础上产生的一种社会意识形态。教师职业道德反映着一定社会或阶级的利益要求，它的内容、特征、发展和变化受社会经济关系制约。

第一，社会经济关系所决定的教育利益，是教师职业道德的客观物质基础。教师职业道德是建立在对一定的教育利益的理解和调节之上的。每个社会占统治地位的经济关系决定着教师的社会地位，规定了教育利益的基本导向，从而制约着教师在整个教育过程中采取的劳动态度，以及在处理各种利益关系上遵守的行为准则。

第二，社会经济关系决定了学校教育的目的和人才培养的标准，制约着教师职业道德的基本内容和要求。学校教育的目的和人才培养的标准，是由占统治地位的社会经济关系决定的，不同的社会要求教师的教育劳动实现不同的教育目的。社会主义生产关系确立之后，学校教育目的是培养德、智、体、美全面发展的社会主义新人，为社会主义现代化建设培养合格的建设人才，要求教师把热爱教育事业、教书育人、关爱学生、为人师表等作为基本的职业道德要求。

第三，社会经济关系的发展变化，最终必然引起教师职业道德的发展变化。教师职业道德会随着社会经济条件的变革而发展变化。当一种新的社会经济关系取代旧的社会经济关系之后，教师职业道德总要在继承有益的师德传统的基础上，提出适应新的经济关系需要的新的师德规范和要求；同一社会经济关系的某些变化，会引起教师职业道德的相应变化。

（2）社会精神文化影响教师职业道德

社会精神文化因素能通过一定的渠道和方式对教师职业道德产生影响，成为教师职业道德形成和发展的主要社会条件。

第一，政治思想状况的影响。在阶级社会中，一个人的政治理想和信念与道德理想和信念有着密切的关系。教师政治觉悟的高低与其道德觉悟的高低相一致。在教育劳动中，教师只有深刻认识和领悟自己从事的教育工作所要实现的社会或阶级利益，才会自觉遵守一定的职业道德规范。

第二，科学文化的影响。事实表明，一个国家、民族的科学文化水平的提高有利于社会总体道德水平的提高。当人们具备较高的科学知识水平和文化素养之后，就容易理解遵守职业道德准则的必要性，增强讲道德、讲文明的自觉性，就会更加重视教育事业，尊师重教，促进教师职业道德建设。

第三，传统道德的影响。传统道德对教师职业道德观念的形成和道德习惯的养成，起着潜移默化的作用。教师在处理各种利益关系时，往往会以某种约定俗成的价值尺度去判断是非、善恶，选择自己的教育行为。传统道德一旦内化在教师的道德心理素质之中，就会成为其评价事物的尺度，指导其职业道德实践。

第四，文学艺术的影响。文学艺术不仅可以再现教师职业道德风貌，而且可以运用艺术的手段创造教师职业道德的理想人格，为教师树立道德高尚的、值得学习和效仿的榜样。

第五，社会风气的影响。社会风气是大多数社会成员的精神道德面貌的体现。积极向上的社会风气是教师职业道德进步的催化剂，而社会风气中腐朽、落后因素的蔓延和扩散，都在某种程度上促使教师价值观的变化，不可避免地给教师职业道德建设带来一些消极影响。

第5讲

教师职业道德的特点有哪些?

教师职业道德是在教师劳动的过程中产生和发展起来的。教师职业道德与其他的社会职业道德相比，既有一般社会道德的特征，也有自己的特点，这个特点是由教师职业特点决定的。

(1) 教师职业道德境界的高层次性

教育是造福人类的事业，教师职业具有为善于社会、为善于人类的巨大价值，是非常神圣的。所以，社会和他人对教师职业道德的要求总处在高层次，在整个社会道德体系中处于较高水平。教师职业道德的高层次是由教师教书育人的目的和任务决定的，从一般意义上说，教师要给学生传授知识，首先自己要有知识；要塑造学生良好的思想品德，首先自己要加强修养。否则，不仅教不好书，也育不好人。从深层次上说，学生正确的人生观、价值观、道德观和良好个性品质的形成离不开教师的教化和榜样作用，教师的一言一行在客观上都影响着学生的心理和行为。

(2) 教师职业道德要求的指向性

教师不仅要教书，更要育人，所以，教师职业道德有明确的育人指向性，即教师的职业道德是为了让教师能够培养好人，促进人的全面发展，这不同于其他社会职业道德。从我国最早对教师的表述来看，教师就已被赋予了教书育人的职责，教师职业道德的发展也始终贯穿着教书育人的要求。古代《礼记》中有"师也者，教之以事而喻诸德者也"之说，这句话的意思就是，教师的职责是既要教学生有关具体事物的知识，又要让学生知晓立身处世的品德。在教师职业道德中，育人被视为教书的根本。教书育人在教师职业道德中包含着许多实践性要求，诸如团结协作、依法执教、廉洁从教、为人师表、学而不厌、诲人不倦等。

(3) 教师职业道德内容的全面性

教师职业道德的内容涉及教师职业劳动的各个方面，体现了教师职业道德内容的全面性。在教师劳动价值上，揭示了教育事业的伟大；在教师职业社会地位上，肯定了教师职业的崇高性；在教师职业职责上，强调了教书育人之根本；在教师职业态度和情感上，提倡爱岗敬业，善施乐教；在教师职业形象上，要求以身作则，为人师表；在教师职业行为品质上，要求关爱学生，诲人不倦；在教师职业情操上，提倡严于律己，宽以待人；在教师职业业务上，提倡教学相长，循循善诱。总之，教师职业道德充分体现了教师行业所特有的教师职业理想、教师职业责任、教师职业态度、教师职业纪律、教师职业技能、教师职业良心、教师职业作风和教师职业荣誉等因素。

(4) 教师职业道德功能的自觉性

学校教育活动是一种具有高度自觉性的活动，同那些复杂程度较低的一般劳动形态相比，教师职业道德具有明显的自觉性。教育对象的主体性、教师工作的复杂性和创造性本身，要求教师在职业道德意识上有更高的自觉性。自觉性是教师职业情感和职业行为的基础，价值取决于奉献，教书育人的神圣职责也要求教师具有高度的责任感和自觉性。

教师职业道德作为教师这一行业所特有的伦理现象和精神文化，构成了教师这一行业特有的精神风貌，影响着教师的内心世界，对教师具有很强的职业教化作用，使其认识自己的职业价值，培养其对职业的敬重感、自豪感、责任感，使其形成坚定的职业信念，成为教师职业工作源源不断的精神动力。教师职业道德作为教师个体内在获得的道德信念和道德品质，能增强教师言行示范的自觉性，促进教师职业道德修养及道德水平的不断提高。

(5) 教师职业道德行为的典范性

教师的职业对象是活生生的人，是正在成长中的青少年，他们往往乐于模仿教师的言行举止、思想观念，这就决定了师德不仅具有教育性，而且具有典范性。教师的品德和行为对学生的思想品德的形成与行为具有榜样作用，在教育教学过程中，教师职业道德不仅是对教师自身行为的规范，而且是作用于学生的教育手段，具有"以身立教"的作用。因此，教师要以身作则，为人师表，这是教师职业道德区别于其他职业道德的显著标志。为人师表是教师道德的重要规范，也是中华民族教师的传统美德。"教，上所施下所效也；育，养子使作善也。"教师的职业道德会成为学生学习的对象，对教师的教育行为学生会全力效仿。为担当起历史赋予我们的使命，教师必须向自己提出更高水平的道德要求，在学生乃至整个社会面前，树立起更高的道德威望和道德形象，完善自身的素质，成为全社会的道德楷模和典范。出于对国家和民族的责任感，教师在道德行为上必须接受来自学生和社会的监督，把严于律己、以身作则作为对自己的要求。

（6）教师职业道德影响的深远性

从教师职业道德的影响这一角度来看，教师职业道德具有一定的广泛性和整体性，教师职业道德的影响比其他职业道德更具深远性。教师的思想道德不仅影响在校学生，而且会通过学生和家长影响整个社会。学校是社会主义精神文明建设的基地，教师是精神文明的倡导者和推行者，教育劳动中存在着广泛、复杂的人际利益关系，教师必须全面或整体性地处理这些关系。总之，教师职业道德的深远性，一是指每个教师对学生的影响是整体的；二是指教师对学生班级的影响具有集体性；三是指教育工作需要广义的教师集体的通力合作才能完成。

第6讲

教师职业道德的实践功能表现在哪些方面？

教师职业道德的实践功能集中表现在三大方面，即教育功能、调节功能、社会促进功能。

(1) 教育功能

教育功能是指教师职业道德可以通过评价、激励、说理、事实感化、榜样示范等形式来培养，形成教师职业道德风范，树立教师职业道德楷模，塑造理想的教师人格，从而提高教师的精神境界和师德水平。师德教育功能的重大意义就在于，它能激发教师的自觉性、创造性和积极性，既能使教师适时调节自己的行为，又能不失时机地影响学生。

教师特有的道德品质和行为的总和构成了教师的人格。教师的人格在学校生活中具有重要的教育功能，其在影响学生成长的各种教育力量中的地位已受到高度关注。随着新课改的不断深入，学生和教师越来越清楚地认识到，着眼于人的道德与心灵发展的教育比单纯的知识教育或技能培训更为重要，教师的人格力量就是一种典型的隐蔽课程，教师充满人类理想主义神韵的道德人格体系构成了校园隐蔽课程的内核，并以其独特的魅力发挥着显性课程无法取代的教育作用。教师高尚的职业道德风范及其人格魅力就是供学生阅读和品味的活的教科书，并在教育活动中发挥着主导作用。教师人格具有强烈的感染性，在内容上具有先进性，在形态上具有直观性，在方式上具有随意性。这些特征，决定了以教师崇高道德品质为核心的教师人格体系，具有更广泛、更持久、更内在的潜在教育价值，而且这种教育价值直接作用于人的精神世界，引导和帮助学生构建以真善美为核心的人格体系。

其一，教师的人格魅力对学生的学业发展具有重要的激励价值。教师博大的学术胸怀、孜孜不倦的求知态度，正是激发学生好学进取、自强不息的内驱力，是推动学生克服学习与生活困难的精神支柱。

其二，教师的人格魅力对学生的情感培养具有重要的陶冶价值。在当前素质教育和新课改的背景下，人们深切地认识到，学生情感的健康发展离不开教师人格力量的熏陶。教师热爱学习、探求真理的高尚情操会迁移到学生身上，并上升为学生立身处世的行为准则，为学生的一生奠定坚实的基础。

其三，教师的人格魅力对学生的道德升华具有示范价值。教师的道德人格对作为道德主体的学生具有显著的感化作用，其道德行为和渗透其中的道德理念对学生构成了鲜明生动的德育主导因素，使学生有意或无意地接受教师的道德观念，并在实践中模仿教师的道德行为，进而提升自己的道德信念。因此，在教育教学活动中，缺乏道德人格的"经师"，不仅无法做到以身说教，也难以从实践中总结出具有美感的道德教育艺术。

（2）调节功能

调节功能是教师职业道德最基本、最主要的功能，它不仅指向教育过程，也指向教师本身。教师职业道德对教师职业行为的调节功能，是通过社会舆论和内心信念两种形式来实现的。教师的职业道德能够通过激发动力、评价优劣、调节行为来处理和调节各种利益关系，促进教师教育工作的顺利开展，保证教育任务的圆满完成，这是教师职业道德最基本的社会作用。

教师职业道德对教师职业行为的调节功能还体现在建立教师与学生、教师与教师、教师与家长的和谐、健康的人际关系上。要正确、妥善地解决好各种矛盾，就要遵循一定的价值目标，以是非善恶为依据，对个人与他人、个人与社会之间的利益予以合理的调节。总的说来，教师的职业道德通过干预教师的思想来干预教师的行为。所以，道德调节不仅包括教师自身的职业道德意识对个人行为的直接指导、影响，还包括外在的道德对个人的思想意识、内心活动的干预、影响。

其一，教师职业道德对教育过程具有调节作用。在教育教学过程中，教师要面对各种错综复杂的关系和问题，职业道德规范能从根本上杜绝不正当教育行为的发生，职业道德比法律规范对教师的要求更高，能够更好地促进教育活动。学校工作中，教师职业道德的作用在于通过教师行为规范的约束来规定教师应遵守的行为准则，妥善处理师生之间、教师之间、教师与领导之间、教师与教育事业和社会其他方面的矛盾，以形成各个方面的最佳结合。"教师的道德是在各种利益互相冲突的情况下，从调节教师行为的需要中产生出来的，以便把教师的行为协调地纳入职业集团的活动中，纳入社会中，从而保证所有其他参加教育过程中的人都能合作相处。"教师职业道德为学校教育教学工作创造了有利条件，有力地推动了学校教育教学工作。

其二，教师职业道德对教师来说具有自我调节功能。一方面，通过外部社会舆论的监督和评价，促使教师坚持符合职业道德要求的行为，终止和纠正违背职业道德要求的行为；另一方面，当教师职业道德由对教师的外在要求转化为教师个体的内在需要时，就会通过教师的良心和义务感经常地、主动地发挥作用，使教师自觉选择符合教育规律要求的正确态度和方法，调节教师个体的职业行为。

（3）社会促进功能

教师职业道德体现着社会对教师的职业要求和作为教师应有的职业追求。它在教师的职业行为中，具有激发、鼓励教师工作的积极性、主动性和创造性，促使教师不断进行自我修养、自我发展、自我完善，自觉做好教育工作的力量。教师职业道德的功能还表现在影响社会风气，对社会主义精神文明建设起到很大的促进作用。教师职业道德这种功能的发挥主要是通过以下几个途径来实现的。

其一，通过所培养的学生对社会产生广泛而深远的影响。教育心理学研究表明，学生时代所受的道德教育对学生今后的道德形成和人格塑造有着重要影响。从一定程度上来说，教师具有什么样的师德风范，就能培养出具有什么样的精神面貌的学生。教师爱岗敬业、关爱学生、教书育人、为人师表的高尚品德对学生的心灵必将产生震撼作用，并被学生永远铭记。学生从学校走向社会以后，将在学生时代的道德品质的基础上，去处理社会生活中的各种利益关系，正确评价各种社会行为，并正确抉择，自觉树立行业新风，主动维护社会稳定。一批批毕业生奔赴社会各行各业，教师的道德影响超出了班级、学校的范围，对整个社会风气的净化、人类的文明发展发挥着巨大的促进作用。

  其二，通过教师自身来影响社会，促进社会道德风尚的改变。教师严格遵循教师职业道德，以高尚的道德面貌出现在社会活动中，其道德风貌、人格形象会对社会各方面产生积极的影响，为人们学习和效仿，从而体现了教师职业道德对社会文明的示范功能。教师的生活空间不限于学校，在社区生活、家庭生活以及其他生活场景中，蕴藏于教师内心的道德原则和成熟的道德习惯，依然会使教师在社会生活中默默地发挥着示范作用。关爱他人、敬业奉献、乐观向上、不求奢华等优秀职业道德品质，悄然改变着教师的家庭、社区乃至于整个区域的道德风貌。同时，建立在每一个教师职业道德基础上的优良校风、班风，对学校周围的社会生活区域也有直接的影响。

第7讲

教师职业道德的作用有哪些?

教师是人类思想文化的传播者,是各种人才的培养者,对于开发人类智慧、塑造人类灵魂起着重要的作用。教师的劳动,同社会进步、经济发展、国家兴盛紧密相连。教师的职业道德体现着广大人民群众的根本利益,反映着整个社会教师的利益,它对促进教师完成教书育人工作、陶冶学生的情操、推动社会精神文明有着重要的作用。

(1) 教师职业道德对教师起调节和教育作用

所谓调节作用,就是指教师职业道德通过教育、评价、沟通等方式和途径,指导和纠正教师个人与他人、个人与社会的关系及交往中的行为,协调教育过程中的各种关系,解决各种矛盾,激发教师的积极性和创造性,使其顺利完成教育教学任务。所谓教育作用,就是教育教师正确认识和对待职业,认识自己对他人、对集体、对社会的应尽的责任和义务,以及在此基础上形成的道德观念和判断力。

教师在教育教学中总是要与学生、同行、领导、家长、社会发生这样或那样的关系,也会产生各种各样的矛盾。调节这些关系及各种矛盾,需要一种灵活多样、广泛有效的道德手段。教师职业道德就是教师指导自己的行为、调节教育过程中的人际关系和利益关系,以保证教育过程顺利进行的富有成效的道德手段。

(2) 教师职业道德对学生起榜样和带动作用

榜样作用,是指在道德行为上师德比其他职业道德有更强烈的典范性。带动作用,包括教师所起的先导作用、纽带作用和思想政治品质的教育作用。

教师职业道德对学生的影响是深入内心世界和灵魂深处的。教师道德对一个人文明习惯的养成，对一个人个性、人生观、世界观和道德观的形成，起着决定性的作用。教师劳动的示范性决定着教师道德行为的示范性。教师职业道德直接作用于学生心灵深处，关系学生性格和品质的塑造。教师的劳动对象是可塑性大，模仿性强，世界观、人生观、道德品性正处在形成阶段的青少年一代，教师在学生心目中有特殊的地位，这种地位决定了教师对学生有着一种特殊的影响力——教师在教育劳动中所表现出来的一切言论、行为、品性，都会在学生心灵上留下痕迹，都会对学生起着熏陶、感染，乃至感召的作用。教会学生做人，这是素质教育的一项重要任务。教师要教会学生做人，必须要具备高尚的人格形象。教师应当尽可能地使自己得到比较全面的发展，形成一种美好、和谐的人格，从学知识、学言行、学才能、学方法上启蒙和引导学生做人。

（3）教师职业道德对社会起影响和促进作用

教师职业道德的作用不仅体现在学校教育过程中，而且直接或间接地以各种方式对社会生活起影响和促进作用。

其一，教师职业道德对社会精神文明建设起促进作用。教师职业道德在社会主义精神文明建设中属于思想建设的内容。思想建设与文化建设是相互促进的关系，教师职业道德能促进教师树立正确的职业道德观，做到自尊、自爱、自强、自律，全心全意为人民服务。同时，通过三个渠道表现出教师职业道德对社会精神文明建设起促进作用：培养学生的优良品德而影响社会道德；教师参加各种社会活动而影响社会道德；教师以家庭生活和社会生活，促进社会主义新型人际关系的建立和发展。

其二，教师职业道德对社会物质文明建设起推动作用。教师职业道德是促进社会生产力发展的一个重要精神力量，因为教育是培养人的工具，而人是物质文明的创造者，是生产力中起决定作用的因素，经过教育的劳动者是高素质的劳动者，这样的劳动者有助于扩大再生产。社会主义物质文明建设是靠具有知识、技能、高素质的人才去进行的，教育以教育活动为中介，以自己的崇高师德为重要教育手段，能从智力、体力、心理等方面，将学生培养成为有能力参与国际竞争的社会主义现代化建设的栋梁之材，发展社会主义生产力，完善社会主义的生产关系，推动社会主义物质文明建设。

其三，教师职业道德对社会生活发挥着广泛的影响作用。教师职业道德是受社会经济条件制约的，同时它对社会经济条件具有一定的反作用。教师是社会中积极而活跃的成员，教师道德不仅直接作用于每一名在校学生，而且会通过学生影响学生的家庭和整个社会。有职业道德的教师还通过自己的个人活动，以自己的言论、行动体现出师德规范要求，在多方面的交往中产生感化作用，净化人们的灵魂，提高人们的情操，影响人们对是非、善恶、荣辱的判断，对树立社会正气起到一定的影响作用。

第8讲

教师职业道德的基本原则是什么?

忠诚于人民的教育事业是教师职业道德的基本原则,反映了教师职业道德的阶级本质和时代特征,是社会主义道德的集体主义原则的具体化。社会主义道德的基本原则是集体主义,在集体主义原则的指导下,职业道德的基本原则是忠于职守,全心全意为人民服务。教师职业道德是职业道德的一种,教师职业道德的基本原则就应当是社会主义道德基本原则在教师职业道德方面的反映,是与教师职业特点相符合的。因此,教师职业道德的基本原则是忠诚于人民的教育事业。

(1) 我国教育的社会主义性质决定了教师必须忠诚于人民的教育事业

教师职业道德是一种社会意识现象,它是由社会生产关系所决定的,社会制度对教师职业道德具有决定性的重大影响。一定社会的教师职业道德归根到底是受一定的社会生产关系制约的。在阶级社会中,社会生产关系直接表现为阶级关系,因而,教师职业道德具有鲜明的阶级属性,并为一定阶级的经济利益和政治利益服务。社会主义教育事业为全体劳动人民服务,是为了提高全民族的素质,是为了把学生培养成为德、智、体、美、劳全面发展的,有理想、有道德、有文化、有纪律的社会主义公民。人民教师只有忠诚于人民的教育事业,才能担负起如此艰巨的任务。党和国家对教师提出了一系列职业道德要求,体现了教师职业道德的崇高精神境界。教师只有严格遵守忠诚于人民的教育事业的基本原则,才能更好地发挥自身作用。

(2) 社会主义道德的基本原则决定了教师必须忠诚于人民的教育事业

集体主义是社会主义道德的基本原则,落实到教师职业道德中就是忠诚于人民的教育事业。集体主义要求教师要明确自己的社会责任,全心全意为学生服务，积极履行对社会应尽的义务。集体主义要求教师要正确处理好眼前利益和长远利益的关系，教师应以民族和人民的利益为最高原则，进而才能把振兴教育、为国分忧作为自己的神圣职责，为提高全民族的科学文化水平和思想道德水平贡献力量。

（3）教育在社会主义建设中的地位与作用决定了教师必须忠诚于人民的教育事业

教育是社会主义事业的重要组成部分，是培养和造就社会主义现代化建设人才的基础。教师只有忠诚于人民的教育事业，才能尽职尽责教书育人、无私奉献，为社会主义建设事业培养出大批合格人才。

总之，忠诚于人民的教育事业是教师职业道德的根本原则，是衡量教师行为善恶的最高标准。它统领教师职业道德的规范和范畴，构成教师职业道德规范体系的核心。忠诚于教育事业原则是中华民族优良师德传统在新的历史时期的特殊表达形式，也是新时期教师道德建设的客观需要。教育劳动本身的艰苦性、复杂性及其特有的示范性特点决定了教师必须信守并忠诚于教育事业。忠诚于教育事业的基本原则要求教师将教育工作当作一种崇高的事业来追求，教师有了这样的道德理想，就能时刻清醒地意识到自己所担负的道德责任，把思想和行为统一到为培养社会主义新人服务的这个大目标上，使教育过程中的各种关系得以有效协调，从而推动教育的发展。

第9讲

教师职业道德的基本原则可以细化为哪几个方面？

忠诚于人民的教育事业是社会主义国家教师职业道德的基本原则，这一原则集中表达了广大教育工作者为人民利益、为社会发展的献身精神，是衡量教育工作者个人行为和品质的最高道德标准。具体来说，教师职业道德的基本原则可以细化为以下几个方面。

（1）教书育人

教书育人是指传授知识、培养人才，反映了教师这一行业的本质特征，它告诉人们，教师这一行业是教书育人的行业。同时，教书育人是为师从教的基本职责和任务，也是教师的天职，只要为师从教，就要认真履行职责。《礼记》中有"师也者，教之以事而喻诸德也"之说，强调教师既要教给学生有关具体事物的知识，又要让学生知晓立身处世的品德。唐代韩愈在其《师说》中，以传道、授业、解惑概括了教师应有的教书育人的职责。

教书育人是教师的基本职责，教书育人需要遵循教学规律的要求，教书育人是培养建设中国特色社会主义人才的要求，教师应坚持对学生的全面培养，按照教育规律教书育人，努力提高自身素质。

（2）为人师表

其一，为人师表是实现教育根本任务的要求。为人师表，就是教师用自己的言行做出榜样，成为学生效法的楷模。其二，为人师表是教师职业劳动特点的要求。教师的职业劳动需要教师在学生中享有较高的威信，因此，教师必须严格要求自己，以身作则，以正确的思想、高尚的道德和良好的品格感染、熏陶、影响学生。其三，为人师表是整个社会对教师的要求。青少年学生是国家的未来、民族的希望。教师的任务就是教书育人，培养下一代。培养下一代的工作是全社会性的庞大复杂的系统工程中的核心工程，而教师则是学校教育工程中的劳动者主体。这就决定了教师工作的重要性，也决定了整个社会对教师工作的关注。

(3) 关爱学生

关爱学生，诲人不倦，这是教师献身教育事业的具体体现，是教师履行教育义务的美德，也是衡量教师道德水平高低的重要标志。

其一，关爱学生是教师的天职，是教师道德的重要内容。教师首先要尊重学生，要把学生视为与自己完全平等并具有自身个性特征的人来对待，不能因为学生在某些方面与自己的差距较大而轻视他们，忽略其价值。教师对学生的理解和尊重要建立在平等的基础之上，没有平等就没有理解和尊重。其二，关爱学生是教师做好教育教学工作的重要前提条件。教师对学生的爱，是教师和学生心灵之间的一条通道，是开启学生心灵的钥匙。其三，关爱学生是一种责任。教师必须要有浓厚的人文关怀精神，要对学生的成长怀有强烈的责任感，全身心地去关爱学生。其四，关爱学生是教师的一种道德境界，同时，关爱也是一种牺牲。教师要同不尊重学生、不关心学生的思想和行为做斗争，以维护学生的尊严，维护学生的合法权益。

(4) 献身教育

献身教育是教书育人的思想前提，教书育人是献身教育的实践载体。献身教育是社会主义教师职业道德原则的特有内涵，是社会主义教师职业道德的基本原则，是社会主义教师职业道德修养的最高境界。献身教育是社会主义建设事业对教师提出的根本要求，是社会主义教师职业道德区别于其他社会形态和其他道德类型的教师道德的根本标志，献身教育是社会主义教师职业道德体系的核心，献身教育是人民教师实现人生价值的途径。人民教师只有在献身教育的过程中，才能促进人类幸福的获得和人们自身的完美；人民教师也只有在献身教育的过程中才能"创造出值得自己崇拜的人"，才能"创造出值得自己崇拜的人生"。

第10讲

强化教师职业道德的意义何在？

强化教师职业道德是教师专业化的重要内容之一，对全面提高教师的专业化素质，增强教师的事业心和责任感，净化教育风气等具有重要意义。

(1) 强化教师职业道德有利于提高教师的专业化素质

培养人的活动最具艰巨性和复杂性，同时又具有创造性，它决定了教师不仅要具备多方面的素质，还要不断提高多方面的素质。特别是随着知识经济时代科学知识的剧增以及教育改革的深化发展，对教师职业素质的专业化要求越来越高，教师必须不断提高自身素质，而教师职业道德在其中处于重要的地位，对教师其他方面素质的发展具有特殊作用。

(2) 强化教师职业道德有利于增强教师的事业心和责任感

事业心和责任感是做好教育工作的重要基础，教师职业道德是事业心、责任感生发、培育、强化、升华的重要因素。教师职业道德作为一种道德体系，所包含的许多规范及对道德问题的解释，都直接或间接地与强化教师的事业心、责任感有关。职业道德体系都包含对事业心、责任感的道德论证，都透视着对事业心、责任感的指导与体验。事业心、责任感的有效阐释能使教师从中获得理性认识，生成、发展、提升事业心和责任感，并成为自己的职业操守。

(3) 强化教师职业道德有利于净化教育风气

教育风气是教育活动中工作态度、职业信誉、工作作风、人际关系、精神风貌等方面的体现，它潜在地影响着教育活动的质量和精神状态及社会声誉。它还有一定的社会感染性，影响社会风气。教师职业道德是教师心中精神的太阳，塑造人的心灵，影响人的终身。良好的职业道德不仅能够引导教师积极有效地完成教书育人的工作，更能使教师自觉地把教书育人作为神圣而内在的使命，从而唤起教师个人对职业的尊崇，激发教师职业的尊严感，提升教师职业人生的价值与意义，增进教师人生的幸福感。强化教师职业道德，有利于净化教育风气，从而纯化社会风气，进一步推动社会精神文明建设。

第11讲

加强师德建设的重要意义是什么？

（1）加强师德建设是教师自我成长和发展的基本要素

加强师德建设能促进教师提高业务素质，有利于其自我完善和发展，是教师个体成长、成熟不可或缺的基本要素。一名合格的教师不能仅仅是掌握丰富的专业知识，还要拥有良好的师德。教师从最初走上讲台到成长为一名称职的教师，都要经历一段师德修养的艰苦磨炼，需要经过反复的教学实践后从心底达成对师德范畴的认知，对职业操守的崇尚。不注重师德建设的教师很难有大的发展和作为，没有师德建设的磨炼，教师就不会走向成熟，这正是师德建设的根本价值所在。加强师德建设，能促使教师树立崇高的职业理想；加强师德建设，能增强教师立德树人的理念；加强师德建设，能提高教师教书育人的本领。

（2）加强师德建设是提升学校发展软实力的迫切要求

加强学校师德建设是改进教风、带动学风的需要，是构建和谐校园的重要组成部分，有利于形成独特的文化形态，对学校发展、促进人的全面发展等都将起到重要作用。加强学校师德建设有利于整合学校多元化的教学价值取向，在学校办学过程中，通过逐渐积累、自身发展、积极创新、慢慢积淀并在外部环境的影响下形成校园发展的软实力。总之，加强师德建设有利于整合学校多元化的教学价值取向，加强师德建设是学校生存发展的必然需要。

（3）加强师德建设是当今时代发展的社会需要

加强师德建设是当今时代发展的社会需要，教师队伍的水平、师德修养的状况关系到教育的发展，关系到人才的培养质量。没有高质量的教师，就没有高质量的教育；没有高素质的教师，就没有高质量的人才。面对新形势、新任务、新机遇、新挑战，加强师德建设，努力造就一支"师德高尚、业务精湛、结构合理、充满活力"的高素质、专业化教师队伍，具有十分重要的时代意义。加强师德建设，是培养合格的社会主义事业建设者和接班人，促进我国教育事业健康发展，促进社会主义精神文明建设，落实以德治国方略的迫切需要。新时期需要加强师德建设，新课改背景下需要强化师德修养，引导和规范社会发展需要强化师德建设。

第12讲

教师的职业理想表现在哪些方面？

所谓职业理想，就是人们对于未来工作类别的选择以及在工作上达到何种成就的向往和追求。职业理想是职业道德的重要组成部分，有了崇高的职业理想才能产生遵守职业道德的行为。职业理想也是社会理想在职业选择和实践中的具体体现，在人们的社会生活中占有重要位置，对一个人的未来发展有着重要影响。

从教师个体的角度来说，要获得职业幸福，教师自身要有长远的大目标——职业理想，也要有与大目标相联系的具体目标——希望，教师要使最近的、具体的目标服从于长远目标，从最近的、具体的目标做起，不断地向长远目标迈进。

教师的职业理想主要表现在以下几个方面。

第一，坚定正确的社会信念。志当存高远，以为未来社会培养人才为己任的教师，其职业理想向来是与自身的社会信念相互交融的。教师的职业理想必须具有明确的政治方向和宏远的奋斗目标，必须具有实现中国特色社会主义现代化的坚定信念。

第二，科学开放的教育思想。教师的职业理想不仅反映出教师的社会信念，同时还反映出教师的教育思想。教师必须具备科学开放的教育思想，其基本内涵应当是遵循社会发展的客观要求和学生成长的内在规律，提高学生素质，促进学生健康、全面、和谐地发展。

第三，持久的献身精神。人生最基本的使命是认识世界和改造世界，在认识世界和改造世界的过程中不断开拓进取，就是最大的奉献。也只有在改造世界的伟大实践中做出奉献的人，才能充分感受到自身力量的强大和内心的充实，体会到人生真正的意义和价值，从而产生人所特有的幸福感。

第13讲

教师的职业责任表现在哪些方面？

所谓职业责任，就是从事职业活动的人必须承担的职责和任务。职业责任是通过具有法律和行政效力的职业章程或职业合同来规定的。职业责任决定了职业工作者的职责和任务，规定了职业工作者行为的是非标准。教师的职业责任指的就是教师必须承担的职责和任务，在社会主义条件下，人民教师的根本职责是培养社会主义现代化事业的建设者和接班人。

教师的职业责任主要表现在以下四个方面。

第一，对学生负责。在教育过程中，教师是教育者，学生是受教育者，教师要把学生培养成为社会主义新人，就要按照党的教育方针，从德、智、体、美、劳各个方面去塑造学生，引导学生全面发展，这是对学生负责的重要表现。对学生负责，落实到具体行动上，就是要求教师认真做好教书育人的工作。

第二，对家长负责。家长把自己的孩子托付给学校和教师，是对学校和教师的信任，是希望教师能把孩子培育成才。因此，教师也要对家长负责。教师要主动、自觉地与学生家长保持密切联系，经常与家长沟通学生的在校情况，针对学生的具体问题与家长一起寻求解决方法，家校联教，共育新人。

第三，对教师集体负责。学生的成长与成才不是教师个别劳动的成果，而是教师集体共同劳动的成果，学生是在不同教师的共同培养下进步成长的。所以，教师之间要互相配合，教师个人要服从教师集体，对教师集体负责，按照教师集体制订的培养方案和具体要求去教育学生，培养学生。

第四，对社会负责。对社会负责是要求教师为社会培养出合格的、高质量的人才。学生的成才，对家庭意味着幸福，对学校教育标志着成功，对社会发展预示着未来。因此，教师对教育事业负责，自然离不开对社会负责。

第14讲

教师的职业态度表现在哪些方面？

所谓职业态度，就是人们对自身职业劳动的看法和采取的行为。教师的职业态度是指教师对自身职业劳动的看法和采取的行为，就是指教育劳动态度或教师劳动态度。教师的态度决定教育的成败，体现为对学生、对工作、对教育事业的态度。教师职业道德是在教育劳动中逐渐形成的，教师职业道德一旦形成，必然反作用于教育劳动态度。教师正确的劳动态度是教师职业道德的反映，教师职业道德同时也能不断端正教师的劳动态度。

对学生，教师要以一种欣赏的眼光和积极的心态投身于教育教学活动之中，努力为学生营造宽松、和谐的成长氛围，为学生的健康成长投入自己的生命激情。对事业，教师要把人民的教育事业看成自己的事业，把为社会主义建设培养人才看成自己神圣的义务和职责，以积极主动的态度对待自己的工作。

教师的职业态度主要表现在以下三个方面。

第一，教师必须有主人翁的责任感。教师的主人翁责任感，是指教师要把人民的教育事业看成自己的事业，把为社会主义建设培养人才看成自己神圣的义务和职责，以积极主动的劳动态度，努力培养社会主义新人。教师的这种主人翁责任感来自于教师对社会主义祖国的无限热爱。

第二，教师应具有从事教育劳动的光荣感与自豪感。古今伟大的教育家、思想家、政治家给予教师及其劳动以很高的评价，赞颂教师是"人类灵魂的工程师""培育鲜花的园丁""通向科学高峰的人梯"等。17世纪捷克教育家夸美纽斯说："我们对于国家的贡献，哪里还有比教导青年和教育青年更好、更伟大的呢？"他认为，教师是太阳底下最高尚的职业。可以说，教师的光荣感与自豪感是搞好教育工作的强大动力。

第三，教师要有吃苦肯干的精神。教育劳动是一项艰苦的劳动，人才的培养是一个复杂的系统工程，不愿付出辛勤的汗水，就不会有积极主动的劳动态度。没有吃苦耐劳的精神，缺乏应有的积极主动的态度，是当不了一名好教师的。教师具有肯干吃苦的精神，就会以积极主动的态度对待自己的劳动，全心全意为学生服务，就会像蜡烛那样，实现自身的价值，成就孩子的未来。

第15讲

教师的职业纪律表现在哪些方面？

所谓职业纪律，就是职业劳动者必须遵守的行为规范。职业纪律是维持职业活动的正常秩序、保证职业责任得以实现的重要措施。俗话说："无规矩不成方圆。"职业纪律常常以规章、制度为表现形式，一经形成，就有很大权威性。职业纪律与职业道德是对职业活动的共同要求，二者密切联系，相互补充，相互促进。同时，它们之间又有差异性：职业道德是用榜样的力量来倡导某种行为，职业纪律则以强制手段去禁止和惩处某种行为。

教师的职业纪律就是教师在从事教育劳动过程中应遵守的规章、条例、守则等。它是维护教育活动正常进行的保证，教师应严格遵守教师职业纪律。

教师的职业纪律主要表现在以下四个方面。

第一，时刻牢记教师身份。学高为师，身正为范；学为人师，行为世范。教师的言行举止都要给学生做出榜样示范，要强化榜样意识，时刻树立教师良好的职业形象。

第二，认真学习规章制度。认真学习、深刻领会和熟练掌握教师职业纪律的有关规章、条例、守则等，争做执行纪律的带头人。

第三，恪守教师职业纪律。实践是检验教师纪律观念强弱的唯一标准，职业纪律只有得到全面的贯彻执行，教育工作才能顺利进行。学习教师职业纪律的相关规定，是为了在教育实践中按章而行，行有效果。教师在执行职业纪律的过程中，要时时处处严格要求自己，"己所不欲，勿施于人""己欲立而立人，己欲达而达人"，用对学生的要求来要求自己，以身作则。

第四，勿以善小而不为。要遵守职业纪律，就要从一点一滴做起，从遵守上课、自习和活动的小纪律、小规则做起。同时，要有坚强的意志和持之以恒的决心，严格遵守，善始善终，持之以恒，必见奇效。

第16讲

教师的职业技能表现在哪些方面？

所谓职业技能，就是从事一定职业的人们应当具备的技术和能力，它是从事职业工作的重要条件，是职业工作者实现职业理想、追求高尚职业道德的具体行动内容。教师的职业技能集中地表现为教师教书育人的本领，教师教书育人活动的效果是教师职业技能的反映。教师职业技能的高低直接关系人才的培养，因此，努力提高教师的职业技能至关重要。

教师要刻苦钻研业务，要认真学习教师专业标准，不断更新知识，提高自己的业务水平，特别是要有针对性地逐步提高自己的专业能力。

教师的职业技能主要表现在以下六个方面。

第一，教学设计能力。科学设计教学目标和教学计划，合理利用教学资源和方法设计教学过程，引导和帮助学生制订个性化的学习计划。

第二，教学实施能力。营造良好的学习环境与氛围，激发与保护学生的学习兴趣，通过启发式、探究式、讨论式、参与式等多种方式，有效实施教学，有效调控教学过程，引发学生独立思考和主动探究，发展学生创新能力，将现代教育技术手段渗透并应用到教学中去。

第三，班级管理与教育活动能力。建立良好的师生关系，帮助学生建立良好的同伴关系，注重结合学科教学进行育人活动。根据学生世界观、人生观、价值观形成的特点，有针对性地组织开展德育活动；针对学生生理和心理发展特点，有针对性地组织开展有益学生身心健康发展的教育活动；引导学生理想、心理、学业等多方面发展；有效管理和开展班级活动；妥善应对突发事件。

第四，教育教学评价能力。利用评价工具，掌握多元评价方法，多视角、全过程地评价学生发展，引导学生进行自我评价；自我评价教育教学效果，以及时调整和改进教育教学工作。

第五，沟通与合作能力。了解学生，平等地与学生进行沟通交流；与同事合作交流，分享经验和资源，共同发展；与家长进行有效沟通合作，共同促进学生发展；协助学校与社区建立合作互助的良好关系。

第六，反思与发展能力。主动收集、分析相关信息，不断进行反思，改进教育教学工作。针对教育教学工作中的现实需要与问题，进行探索和研究，制订专业发展规划，不断提高自身专业素质。

第17讲

教师的职业良心表现在哪些方面？

所谓职业良心，就是人们在履行对他人、对社会的职业义务的过程中形成的道德责任感和道德自我评价能力，是一定的职业道德观念、职业道德情感、职业道德意志、职业道德信念在个人意识中的统一体现。所谓教师的职业良心，就是教师在对学生、学生家长、同事以及对社会、学校、职业履行义务的过程中所形成的特殊道德责任感和道德自我评价能力。

教师的职业良心在其职业生活中有着巨大的作用，是教师的思想和情操的重要精神支柱，所以，必须重视培养和增强教师的职业良心。

教师的职业良心主要表现在以下四个方面。

第一，恪尽职守。恪尽职守实际上就是一种工作责任和纪律的要求。在职业规范上，教师的良心要求教师应当遵守工作纪律，按照社会和教育事业对教师的要求尽职尽责，认真备课、上课，遵守工作时间及其他工作规范。在教育效果上，职业良心要求教师不能误人子弟，要尽全力取得理想的教育效果。

第二，自觉工作。自觉工作的要求是由教师的劳动特点决定的。首先，教师的教学行为具有个体和自由的特性。"慎独"的美德十分重要，教师的工作多数情况下难以全程监督，在一定意义上没有边界和限度，特别是与家长建立教育联系需要消耗大量的精力，由教师主观决定的成分较多。所以，教师能不能自觉要求自己是教师工作优劣的决定因素，教师必须有自觉工作的良心。

第三，仁爱有加。要有仁爱之心，自尊、自爱。自尊、仁爱是职业良心中的重要因素。仁爱能唤起一种良知，激发一种情感，增强一种信念。仁爱是一种人格的力量，能使教师赢得信任和友谊，使生生、师生关系和谐，使集体氛围融洽。

第四，团结执教。团结执教也是教师良心的重要组成部分。教师的劳动从其活动过程来看具有明显的个体性，从教育效果的取得看却是集体性的。学生的人格成长、知识及心智水平的提高是教师群体合力劳动的结果。教师的团结执教、齐抓共管是一种职业道德的本质要求。教师与同事关系方面的良心是职业良心的直接构成部分，反映了教师与同事之间的道德关系。

第18讲

教师的职业作风表现在哪些方面？

所谓职业作风，就是人们在一定的职业活动中表现出来的一贯的态度和行为。职业作风是职业道德的重要范畴。社会上各种职业都有自己特定的职业作风。从一定意义上讲，作风都包含着道德的内容。职业作风是人们在长期职业实践中自觉地培养起来的，是一种巨大的无形的精神力量，对职业劳动者的行为影响很大。一个具有优良作风的职业集体，能够感召人们去战胜困难，团结一致地完成工作任务。职业作风一旦形成，又会反过来进一步强化职业思想。

教师的职业作风，就是教师在自身职业活动中表现出来的一贯态度和行为。如果教师能树立优良的职业作风，就会一心扑在教育事业上，爱生如子，勤奋工作，为培养下一代呕心沥血。

教师的职业作风主要表现在以下四个方面。

第一，实事求是，坚持真理。教师首先要做到尊重事实，注重调查研究，深入学生全面了解情况，有针对性地搞好教育与教学工作；工作中讲真话，办实事，襟怀坦荡，言行一致，表里如一；热心为学生服务，帮助他们解决实际问题；对工作的评价，特别是对教育教学成绩的评价真实客观；尊重科学，严谨治学，为学生树立坚持真理的榜样。

第二，工作积极，认真负责，吃苦耐劳，一丝不苟。在工作中做到既教书又育人，为学生的成长与成才负责，为教育事业多做贡献。

第三，忠诚坦白，平等待人。对同事、对学生、对家长、对领导都能坦诚相待、有礼有节。特别是对学生，既不以教育者自居，高高在上，也不因个人好恶而区别对待，能做到对人对事公正、公平、公允。

第四，发扬民主，团结互助。开展教育教学活动要有民主作风，尊重学生，信任学生，理解学生，虚心听取学生意见；珍视学生主体，与其建立良好的民主、团结、互助关系，保持优良的职业作风。

第19讲

教师的职业荣誉表现在哪些方面？

所谓教师职业荣誉，就是教师履行职业义务后，社会所给予公认的客观评价和主观意向，以及教师个人所产生的尊严与自豪感。从客观方面说，荣誉是社会对一个人履行职业义务的德行和贡献的评价，是道德行为的价值体现或价值尺度；从主观方面来看，职业荣誉是职业良心中的知耻心、自尊心、自爱心的表现。

教师在客观评价中产生主观意识和内心体验，形成了自己的荣辱观。教师职业荣誉有着巨大的作用，当社会的客观评价转化为教师个人的内心体验，使教师形成荣誉感与自豪感时，就会对教师的行为产生很大的影响。

教师的职业荣誉主要表现在以下三个方面。

第一，以教师"得天下英才而教育之"而自乐。教师职业的根本任务就是培养人才，教师以培育英才为己任。国家和人民把孩子托付给教师来培养，体现了国家和人民对教师劳动价值的充分肯定，教师也正是因为能给国家培育英才而深感自豪。

第二，教师以"桃李满天下"而自豪。正因有了教师的辛勤培养，一批又一批学生才能走上社会，在各行各业中辛勤劳动，为社会做出贡献。当自己教过的学生建功立业取得出色成绩时，教师会感到无比自豪与幸福。

第三，教师以"人梯""红烛"而自赏。为祖国培养人才，需要较长的培养周期，离不开教师的无私奉献。教师是学生成长的"人梯"，因让学生踏着自己的肩膀而更显高大；教师又像"红烛"，实现自己的价值，成就孩子的未来。"人梯"无比辛苦，"红烛"无上荣光！

第20讲

"教师专业标准"的基本理念对教师的总体要求是什么?

为贯彻落实教育规划纲要,构建教师专业标准体系,建设高素质专业化教师队伍,2012年2月10日,教育部正式印发了《幼儿园教师专业标准(试行)》《小学教师专业标准(试行)》和《中学教师专业标准(试行)》(以下全部简称《专业标准》)。《专业标准》是国家对幼儿园、小学和中学合格教师专业素质的基本要求,是教师实施教育教学行为的基本规范,是引领教师专业发展的基本准则,是教师培养、准入、培训、考核等工作的重要依据。教育部要求各地教育行政部门、中小学校和幼儿园,在当前和今后一个时期,要把贯彻落实《专业标准》作为加强教师队伍建设的重要任务和举措,精心组织实施,务求取得实效。

加强师德建设,首先要弄清《专业标准》对教师的要求,立足于《专业标准》的四个基本理念:"学生为本"是教师专业的前提条件;"师德为先"是教师专业的社会要求和社会意义;"能力为重"是教师专业的重要基础;"终身学习"是教师专业的根本保证。"学生为本""师德为先""能力为重"的理念既体现了中国教师群体长期坚持的基本追求,也体现了现代教育发展对教师素质的新要求,是传统与变革的有机结合。"终身学习"的理念则包含了信息社会背景下对教师专业发展所提出的新要求。

《专业标准》突出了师德要求,要求教师履行职业道德规范,增强教书育人的责任感和使命感,践行社会主义核心价值体系;强调了学生的主体地位,要求教师要尊重学生,关爱学生,充分发挥学生的主动性,为学生提供适宜的教育,促进每个学生主动、生动、活泼地发展;强调了实践能力，要求教师把学科知识、教育理论与教育实践相结合，不断研究、改善教育教学工作，提升专业能力；体现出时代特点，要求教师主动适应经济社会和教育发展的要求，不断优化知识结构，不断提高文化修养，做终身学习的典范。

第21讲

"以人为本"在教育领域应体现在哪些方面？

"以人为本"是科学发展观的本质和核心，它是对人在社会历史发展中的主体作用与地位的肯定，强调人在社会历史发展中的主体作用与目的地位，强调尊重人、解放人、依靠人和发展人。"以人为本"是《国家中长期教育改革和发展规划纲要（2010—2020年）》（以下简称《纲要》）贯穿始终的根本思想，是德育的根本要求。"以人为本"就是以人的本质需要为本，即以人的尊严、自由、幸福、发展为本。从这一根本要求出发，《纲要》提出了德育工作的指导思想，具有明显的时代性和发展性。

作为教育教学的一种价值取向，"以人为本"中的"人"主要是指教师和学生两方面，表现为以"学生为本"和以"教师为本"。根本所在是以人为尊，以人为重，以人为先，就是要相信人、尊重人、依靠人、发展人。简言之，就是一切以人为出发点，一切以人为最终目的，以教师和学生的全面发展和终身发展为本。全面发展的核心内容是个体心理的发展与个性的完善，以人为本也体现了社会的真正进步。

就学生方面而言，"以人为本"强调要以学生为本，学生是中心，一切教育教学活动都要围绕学生的需要、有利于学生的健康成长、有利于学生个性的全面发展开展。它凸显了学生的教育主体地位，强调学生是教育的出发点，也是教育的归宿；是教育的基础，也是教育的根本。一切教育必须以学生为本，这是现代教育的基本价值所在。它强调学校的教育管理以学生为本，相信学生、尊重学生、发展学生，尊重学生生命成长的规律和合理的需要，以学生的发展尤其是以教育对象的具体的个人的和谐、完善的发展为教育和管理之根本。

在"以人为本"教育理念的背景下，教育超越了智能学习的范畴，教育的使命不仅是引导学生对知识进行掌握和运用,更为重要的,在于引导学生如何做人、如何面对生活,在于开掘学生丰富多彩的生命潜能,促进学生个性的全面发展,使学生的身心与人格得到培育和养成。将"以人为本"作为教育的最高价值,教育就有了创造人的价值与意义,它以丰富的知识、完整健全人格的培养为目的,充分开发个体潜能。单就学生方面而言,"学生为本"是教师专业标准的首要基本理念,也是教师专业的主要特点。在科学发展观的指导下,以学生为主体,面向全体学生,促进学生主动而积极地全面发展,是全面实施素质教育的要求,也是教师职业专业化的特征。"学生为本"也是教师专业化的前提条件,关键是要看如何重视和怎样具体落实。

第22讲

"学生为本"的师德观的具体内容是什么?

"学生为本"是新时代师德本质精神的集中体现,"学生为本"的师德观主要体现在以下几个方面:尊重学生权益,以学生为主体,充分调动和发挥学生的主动性;遵循学生身心发展特点和教育教学规律,提供适合的教育,促进学生生动活泼地学习、健康快乐地成长、全面而有个性地发展;建立良好的师生关系,帮助学生建立良好的同伴关系;了解学生,平等地与学生进行沟通交流,分享经验和资源,共同促进学生发展。

(1) 尊重和关爱学生

学生是有主观意识和人格尊严的学习主体,受尊重是人的基本需要,受关爱是处于发展中的学生成长的需要。教师不尊重学生,就没有教育的文明,教师不爱学生,就没有教育的实效性。尊重学生,意味着平等地对待每一个学生,尊重学生的差异,褒扬学生的长处,包容学生的不足;尊重学生,就必须承认学生的主体地位,弘扬学生的主体精神,促进学生的个性、特长的充分发展。关爱学生是教师的天职和美德,同时也是一种强大的教育力量,它能提高教育教学的效果,促进学生的成人和成才。

(2) 培养学生的独立性和自主性

教书育人是教师的职责,其中更重要的是育人,要把学生培养成有思想、有情感、有德行的独立自主的学习者与探索者。在教育过程中,教师应尽可能地引导学生,帮助学生成为知识的积极追求者,培养学生独立分析与解决问题的能力,让学生学会对自己负责,善于思索与判断。

（3）建立民主平等、共同发展的师生关系

新课程注重知识与技能、过程与方法、情感态度与价值观的统一。教学的实质是师生的交往互动，课堂是师生平等对话的场所，师生关系是对话交往的关系。对话的前提是平等，课堂教学是教师和学生交互作用形成的学习共同体，教师在这种师生关系中必须调整自己的角色，努力使课堂成为充满智慧的地方，成为师生追求、发现和分享真理的地方。

第23讲

"学生为本"的师德观对教师的具体要求是什么？

学生是教育的对象，关爱学生是教师的天职，教师在教学活动中必须适应形势的需求，真正实现自己的角色转变及教学行为的变化。新课程为教师开辟了新的专业生活，教师要全面、科学地对学生实行新的关注：关注学生的智力类型，关注学生的生活经验，关注学生的学习方式，关注学生的处境与感受。关爱学生，及时掌握学生的思想动态，引导学生健康、全面地成长与发展；尊重、理解学生，相信学生的潜能和价值，公平、公正地对待每一位学生。

（1）更新理念，转变角色

其一，教师应是学生学习的促进者。学生学习的促进者，是教师最明显、最直接、最富时代性的角色特征，是教师角色特征中的核心特征。教师是学生学习的激发者、辅导者，各种能力和积极个性的培养者。教师课堂教学的重点是指导学生学会学习，真正实现"教是为了不教"的目的。教师还应该是学生人生的引路人，向学生传播知识，引导学生在成长的道路上设置不同目标，激励其向更高的目标前进，并以身作则，成为学生心理健康、品德优良的促进者，教会学生学会自我调适、乐观向上。

其二，教师应是教育教学的研究者。教学过程中，教师要以研究者的心态、研究者的眼光来审视和分析教学理论与教学实践，反思自身行为，探究问题，积累经验并推广应用。

其三，教师应是课程的建设者和开发者。民主、开放、科学的课程理念，国家课程、地方课程、校本课程三级课程管理政策，要求教师必须在新课改中发挥主体性作用。教师既是课程实施中的执行者，也是课程的建设者和开发者。

其四，教师还应是大学区型的开放的教师。教师由学校人拓展为"学区"人，角色开放，主动适应教师、家长、学生联谊，教育资源联享，学校特色联创，活动载体联动和优质品牌联强等方面的优化整合，利用大学区资源来丰富学校教育内容。

（2）适应形势，转变行为

新课程要求教师提高素质、更新观念、转变角色，必然也要求教师的教学行为随之产生相应的变化。

其一，尊重、赞赏学生。尊重每一位学生做人的尊严和价值，尤其要尊重六种学生：智力发育迟缓的学生；学习有具体困难的学生；容易被孤立和拒绝的学生；犯错误的学生；有严重缺点和缺陷的学生；和自己意见不一致的学生。教师要尽可能谨言慎行，不伤害学生的自尊心：不体罚和变相体罚学生；不辱骂学生；不大声训斥学生；不冷落学生；不羞辱、嘲笑学生；不随意当众批评学生。教师在尊重、不伤害学生的同时，还要不吝啬微笑，会赞赏学生：赞赏每一位学生的独特性、兴趣、爱好、专长；赞赏每一位学生所取得的哪怕是极其微小的成绩；赞赏每一位学生所付出的努力和所表现出来的善意；赞赏每一位学生对教科书的质疑和对自己的超越。

其二，在教学上帮助、引导学生。教师要牢记以教促学的职责：帮助学生觉察并反思自我，明了所求所得，确立适度目标；帮助学生寻找、收集和利用学习资源；帮助学生设计恰当的学习活动和形成有效的学习方式；帮助学生发现个人意义和社会价值；帮助学生营造学习过程中积极的心理氛围；帮助学生对学习过程和结果进行评价，并促进评价的内化；帮助学生发现自身潜能。

其三，在选择教学活动上商议、共享。教师在教育教学工作实践中，要尊重学生的主体特点，满足学生的主体需要，基于学生发展的思想特点、心理需求和生理特征，商议确定并实施最适合学生发展的教育教学活动。教师要和学生一起，探寻有效促进学生发展的教育教学途径，共同分享教育教学活动的欢乐。

第24讲

"学生为本"的师德观的意义何在？

师德是教师的立教之基和执教之本，树立与推进以学生为本的师德观，是促进教师素质发展的内在要求，是实现学生全面健康发展的重要保证，是促进教育可持续发展的首要环节，体现了现代教育价值观的核心。

（1）"学生为本"的师德观是教师自身发展的需要

教师的素质包括思想道德素质、科学文化素质、专业技能素质和身体心理素质，师德在教师素质当中起着统率作用。教师自身高尚的道德情操和追求会自然地产生一种内驱力，驱使教师不断挖掘和充实自身的生命潜能和创造力。以学生为本是教师职业的外在价值与教师内在生命价值之间的统一基点，是教师从工作中获得外在与内在统一的尊严与欢乐的源泉。"学生为本"的师德观，以人本主义心理学为基础，重视人的价值，强调对人的自主性、创造性、责任心等心理品质和人格特征的培育，追求人的个性、潜能的发展。新课程对教师提出了更高的要求，只有以学生为本，才能最大限度地唤醒、激发教师发展的潜能，全面提高教师的素质。

（2）"学生为本"的师德观是教师提升教育实效的前提

在经济快速发展的背景下，中小学生兴趣广泛，能力和素质表现多样，自主意识和独立人格较早确立，心理较为开放，学生在心理上已很难接受体现教师知识权威的传统灌输式教育。要提升教育的效果，教师必须以学生为本，真正做到用发展的眼光看待学生，尊重学生的人格以及他们追求进步与发展的权利，使学校真正成为实现学生自我价值的场所。

（3）"学生为本"的师德观是实施素质教育的重要保证

教师是实施素质教育、践行新课程的主力军。全面推进素质教育不仅需要教师更新知识，转变教育思想和观念，更需要教师具备体现时代发展的职业道德，以保证将素质教育落实到教师的教育教学行为上。"学生为本"的师德观是培养学生创新精神和实践能力、发展学生个性的保证。

（4）"学生为本"的师德观是实现学生全面健康成长的重要保证

对学生影响最大的莫过于教师。教师职业道德的状况与学生健康、全面、和谐成长息息相关。素质教育是一种全面的教育，强调的是各育人要素恰当、合理，并融合成系统的、有机的教育活动。学校教育中，教师自身高尚的道德情操和深厚的修养具有强烈的凝聚、导向和激励作用，教师应融汇与引导教育活动的各要素，激发其特有的教育潜质，融合成交叉互补的整体教育活动，从而促进学生素质的发展。

（5）"学生为本"的师德观是促进教育可持续发展的首要环节

在所有教育资源中，人才是最重要的教育资源。高尚的师德是教师个人的灵魂，也是教育教学的生命线。教育是通过师生的双向互动来培养人的实践活动。教师通过教育活动，把下一代培养成能传承和创新文化、弘扬和培养民族精神、推动社会进步的新一代。教师的特殊角色及其职业特征要求其人格和行为必须具有榜样示范作用。"学生为本"的师德观体现了现代教育价值观的核心，是促进教育可持续发展的首要环节。

第25讲

"师德为先"对教师的具体要求是什么？

"师德为先"的"先"字具有两层含义：其一是理念为先，具有导向性、引领性，不是简单的教师教育序列问题，而是深层次的"为先"，是对教育本真的界定。"师德为先"首先要"立德树人"，因为"德不优者不能怀远"。其二是突出教师教育工作任务的首要地位是德育，"德智体美、德育为先"。"师德为先"的理念体现了教师专业的社会要求和社会意义。

（1）以学养师德

终身学习是师德的生命，不断进取是师德的升华。注重自我提升，不断学习，积极进取而外树形象；注重自我学习、自我修炼，"活到老，学到老"而内强素质。教师要不断用现代教育思想武装自己的头脑，以自己的广博学识和人格魅力教育感化每一位学生，让学生在轻松愉快的环境中接受高雅教育。

（2）以规约师德

要自觉学习《中华人民共和国教育法》《中华人民共和国教师法》，严格以《教师职业道德规范》要求自己，努力提高自身的思想政治素质，遵守社会公德，忠诚于人民的教育事业。在教育学生的过程中，要关心每一个学生的健康成长，发现每一个学生的特长，因材施教，激发学生的学习兴趣，针对学生的天赋及特长适时引导，促进学生的个性化发展，做每个学生成长的奠基者。牢固树立"学生喜欢，家长认可，学校放心，社会满意"的教育理念，树立远大的教育职业理想，努力成为一名优秀教师。

（3）以标导师德

要自定榜样目标，自觉向典型学习。学教法，议学法，寻良法，找妙法，自觉养成敬业爱生、勤业乐业、拼搏进取的师德风貌，做学校师德素质和师德内涵建设上台阶的促进派。

（4）以爱护师德

爱国守法，爱岗敬业，关爱学生，自尊自爱，自律自强。教育需要爱，也要培养爱，爱是教育的生命线，爱是教育的润滑剂，爱是教育学生的前提。努力把教书和育人结合起来，时时处处做学生的榜样，身体力行，言传身教，形成无声无形的教育动力，去感召学生、启迪学生，为人民的教育事业默默奉献。

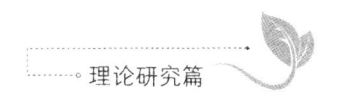

第26讲

"能力为重"对教师的具体要求是什么?

"坚持能力为重",这对于培养学生具有社会责任感、健全人格、创新精神和实践能力,增强学生的信息素养和环境意识都具有十分重要的现实意义。《纲要》指出,要"着力提高学生的学习能力、实践能力、创新能力",教师应该具备多方面的专业能力,要把学科知识、教育理论与教育实践相结合,突出教书育人的实践能力;研究学生,遵循学生成长规律,提升教育教学专业化水平;坚持实践、反思、再实践、再反思,不断提高专业能力。

(1) 在职业道德上,要求从一般的道德向教师专业精神发展

目前,中小学教师职业专业化在全球范围内已经成为教师队伍建设和教师职业发展的基本趋势。在教育教学工作日趋复杂化的过程中,教师职业的专业性得到了社会各界越来越多的认可。当前我国社会的急剧转型与经济的快速发展,对教育与教师都提出了很多新的期望和新的要求。教师专业标准从政策层面提出了教师专业的要求及内容,教师的职业理想、职业态度、职业精神、职业良心、职业责任的培养已备受关注。教师一定要把专业精神看成搞好工作的重要保证和内在动力,因为,只有具有这种精神,才能在各种环境和条件下把自己所从事的工作与社会发展的未来联系在一起,才会把自己的工作与每个个体的生命价值和每个家庭的希望和幸福连在一起,从而对自己的工作充满事业心和责任感,自觉地把终身奉献给教育事业。

(2) 在专业知识和能力上,要求从单一型向复合型发展

科学技术的综合化,教育的社会化,教育、科研一体化等发展趋势,要求教师具有高水平的科学和人文素养。过去只能从事单科教学的教师将

越来越难以适应社会进步和教育发展的要求，因此教师必须要一专多能、知识面要广。日本一些学者强调，中小学教师要有广博的知识、完整的实际技能和学习能力。美国学者认为，为了保证知识的完整性，教师必须具备自我知识、普通知识、教育知识和教师职业知识。美国率先进行的"全球教育""环境教育"等都是跨学科的教育，都要求教师具有综合的知识和能力。

（3）在劳动形态上，要求从教书匠向创造者转变

教育是创造性的劳动，要真正实现教育"以能力为重"，培养学生的创新能力，教师必须担当起创新能力培养的重任，具备求真务实、勇于创新、严谨自律的治学态度和学术精神，不盲目崇拜、盲目套用，严谨笃学，与时俱进；树立起全新的教育教学观，对于教育教学中的各种问题能做出正确判断，并以自己的独特方式采取相应措施去解决，并对学生形成良好的导向作用。课堂教学中，在维持性学习的基础上，鼓励创新性学习，提高学生发现、吸收新信息和提出新问题的能力，以迎接社会日新月异的变化。教师要尽可能地尝试把学生学习中的"记"向"问"转化，让学生勇于提出问题，着力培养学生的好奇心、想象力和洞察力，并通过批判性思维，形成自己的独特见解，培养出创新人才。

第27讲

为什么说"终身学习"是教师专业的根本保证?

1994年,意大利罗马召开的"首届世界终身学习会议"提出了"终身学习是21世纪的生存概念"口号,并对终身学习的概念定义如下:"终身学习是通过一个不断的支持的过程来发挥人类的潜能,它激励并使人们有权利去获得他们终身所需要的全部知识、价值、技能与理解,并在任何任务、情况和环境中都有信心、有创造性且愉快地应用它们。"2000年,欧盟发布的《终身学习备忘录》中明确指出:"终身学习可以被视为涵盖一切有目的的正式与非正式学习活动形式,其目的在于增进知识、技能与能力。"2001年,欧盟在《实现终身学习的欧洲》报告中提到:"终身学习涵盖贯穿人一生的学习活动,从个人、公民、社会以及就业等视角,提升知识、技能和能力。"世界各国已把终身学习的意义提升到了关乎人类生存发展的高度。党的"十八大"报告中明确提出,要"完善终身教育体系,建设学习型社会"。国家纲要性文件倡导通过将终身学习理念和实践相结合的方式,在全社会塑造终身学习文化,从不同层面和维度全方位推进终身学习进程。

职业注重执行,专业强调发展,这种基于专业的发展必须是自主的、自我的和自觉的。所以,教师职业成为专业化的根本保证,就是教师必须坚持不断地学习和积极地发展,即教师的终身学习。终身学习是教师专业化的显著特点之一。终身学习必须转化为教师专业不断发展的实践效果。

随着新知识、新技术与日俱增,教师所教的知识内容与方式方法也必须发生相应的变化。教师只有不断地学习,才能适应信息化、知识经济时代学生发展的教育需求。教师的终身学习,尤其是教师主动的终身学习,是教师质量提高的内在核心,是教师专业发展的根本保证。国家把教师认定为"专业人员",中小学教师就应以专业标准要求自己,将基于教师岗位的职业发展作为教师专业化的重要表现之一。

第28讲

树立"终身学习"理念的重大意义是什么?

(1) 终身学习是国家实施科教兴国、人才强国战略的需要

自20世纪末以来,人类社会开始进入知识经济和信息化时代。在知识经济时代,科学技术在经济发展、经济增长中发挥着越来越重要的作用。国家的综合国力和国际竞争能力,取决于科学技术与教育发展的水平,国家之间的竞争,最终是人才的竞争,是民族创新能力的竞争。为实现振兴中华民族的宏伟大业,要实现党中央提出的科技兴国、人才强国的发展战略,就必须培养大批创新人才,增强国家自主创新能力。培养人才的关键是教育,教育发展的关键是教师。要为国家培养适应知识经济时代需要的大批创新人才,教师就必须坚持终身学习。每一位教师都应该深刻认识自己所肩负的历史使命,自觉学习,不断提高培养创新人才的能力,为国家实现科教兴国、人才强国的宏伟战略目标贡献力量。

(2) 终身学习是国家实施素质教育的要求

深化教育改革,实施素质教育,要求我们建设一支高素质的教师队伍。受时代所限,教师在学校教育中接受的部分知识已经老化,所接受的教育教学理念,所使用的教学手段、教学方法存在与今天实施的素质教育不相适应的地方,也存在继续学习、转变观念、提高能力的实际问题。如果教师只会坐吃老本,不自觉学习和接受再教育,国家就很难形成一支与实施素质教育相适应的高素质教师队伍,推进素质教育就难见实效。

(3) 终身学习是建设学习型社会、学习型组织的需要

在当前激烈的国际竞争中,知识和人才的因素起着非常重要的作用。

党中央提出了建设学习型社会的要求，教师应在建设学习型社会中起带头作用，学校也应当成为学习型组织的典范。教师只有自觉坚持学习，不断提高自身业务素质与教育教学能力，才能保障学校教学质量的不断提高。

（4）终身学习是社会发展进步对教师的要求

终身学习是教师适应教育变革的需要。一个优秀的教师也需要在实践中不断成长，教师发展的本质特征在于教育思想的不断丰富与教育实践经验的不断提炼。每一位教师都应积极地、自觉地坚持终身学习，不断提高自身素质与实施素质教育的能力，以适应教育变革对教师提出的新要求。

终身学习是教师持续发展的动力源泉，也是教师增强个人生存发展能力的需要。教师的终身学习有助于教师的自我发展，教师只有在教育工作实践过程中不断学习，努力提高自己的知识水平、教育水平及教育实践能力，才能适应社会对教师的要求。教师不仅要不断地发展自己、完善自己，还要用自己的态度、行为和人格引导学生、感染学生、发展学生。

（5）终身学习将成为人们生活的必需品

教育、学习本身就是生活，终身教育、学习化社会、教育化社会成为未来社会的重要特征，未来社会将是学习社会和教育社会的双重组合，是终身学习、终身教育的双向同构。生活学习化的学习型社会是历史发展的必然趋势，我们的未来将是教育、学习和生活的三位一体；教育、学习本身就是生活，生活本身具有教育和学习的意义。这正是终身教育、终身学习所蕴含的重要理念，也是促进人全面发展的真正动力。

第29讲

"终身学习"对教师的具体要求有哪些?

(1) 领悟新的学习理念

"终身学习是21世纪的一个生存概念。"终身教育、终身学习与学习型社会三大理念的意义和价值,已得到党和国家乃至整个社会的高度认同,并将其科学而有机地贯穿到了开创中国特色社会主义事业、创建社会主义和谐社会的宏伟蓝图中,落实到了全面推进物质与精神建设、文化与社会建设的全新实践中。在终身学习视野里,学习不仅属于教育范畴,更属于生存范畴。

终身学习正在成为每个人的一种至关重要的生存责任、生存方式。教师必须领悟:没有终身学习,就无所谓人的一生的社会存在;没有终身学习,就无所谓人的一生的生存质量。我们要逐步领悟终身学习和自我成长、自我发展相结合的全新理念:第一,发展和学习应该是自主的,而不是依靠外部的;第二,发展和学习应该是可持续的和长期的;第三,学习和发展的内容、途径应该是全方位的;第四,达到较高的专业水准是完全可能的和有潜能的;第五,应该结合工作与工作中的问题来学习,增强学习与发展的针对性。

(2) 确立新的学习态度

在终身学习的视野里,人生不再截然分成两半,前半生教育,后半生谋生;社会不再分成两块,教育世界与劳动世界。人的全部生命必然伴随学习,一个人的学习必然贴近生命、贴近生活。其实,生活即学习,生活必须学习;学习即生活,学习才是生活。在孩子的学习指导上,家长和孩子对教师的角色期望是知识的传授者,要求教师无所不知;是纪律的维护者,希望教师严明公正;是家长的代理人,要求教师无所不能。为了适应教学的需要，教师要有一个全新的学习态度：敬畏之心，虔诚之态。首要任务是要通过继续学习、自己研究或接受专门培训，来提高自己的专业理论水平；其次，可以通过报纸杂志、网络、图书馆等收集有关教育教学资料，充实自己的实践知识。同时，因为新课程中综合课程的开设，专业课程分为必修和选修，还需要不断学习更多的前沿知识。

（3）树立新的学习观念

素质教育中"培养创新精神与实践能力"的提出，要求教师的教学要促进学生个性的发展。教师要具有一定的学习资源开发能力和教学研究能力，尤其是教学研究能力，只有在教学实践中研究总结，才能有针对性地反思自己的教学，提高自身分析问题与解决问题的能力，从而有效地提升教学能力。教师要认识到，在未来社会中，获取知识的能力要比获取知识本身更有价值，获取信息的方法要比获取信息本身更关键。教师给学生的应该是工具库，教学也要由封闭式的教学改为指导学生的开放式的学习，创建"知识、素质、创新能力"的三维教学模式。

（4）树立新的角色形象

教师是学生未来成长的参谋与顾问。当终身教育、终身学习成为生活的一部分时，学生学习的范围不断扩大至社会生活的各个层面，学习成了学生适应社会发展的必要手段，越来越要求教师成为培养学生能力的一名顾问和交换意见的参考者，学生学习的引导者和促进者，以及一位帮助发现矛盾论点而不是拿出现成真理的人。在终身教育的条件下，学校教育、家庭教育和社会教育连成一体，这时，教师必须充分发挥社会交往主导者的作用，主动与教育资源人群交往，成为一名新型的、开放式的社交家。

第30讲

中国传统师德的基本内容是什么?

(1) 不厌与不倦的统一

孔子本身就"好古,敏以求之""发愤忘食,乐以忘忧,不知老之将至""五十以学《易》",他认为教师首先应该具有"学而不厌,诲人不倦"的精神。董仲舒也特别强调"学而不厌"的重要性,《前汉书·董仲舒列传·对策一》中有"强勉学问,则闻见博而知益明;强勉行道,则德日起而大有功"。柳宗元也认为"诲人不倦"是教师道德的重要内容,《答严厚舆秀才论为师道书》中写道:"若言道、讲古、穷文辞,有来问我者,吾岂尝瞋目闭口耶?"

(2) 言与行的统一

"以身作则,为人师表"是我国教师的优良传统。孔子要求教师处处以身作则,以自己的模范行动做学生的表率,"其身正,不令而行;其身不正,虽令不从。""苟正其身矣,于从政乎何有?不能正其身,如正人何?"(《论语·子路》)扬雄直接指明:"师者,人之模范也。"(《法言·学行》)。颜之推注重以身作则:"夫风化者,自上而行于下者也,自先而施于后者也。是以父不慈则子不孝,兄不友则弟不恭,夫不义则妇不顺矣。"(《颜氏家训·治家第五》)韩愈认为教师要"以身立教",率先垂范,身体力行,才能更好地培养学生。

(3) 教与爱的统一

热爱学生、关心学生是建立良好师生关系的基础,也是中国古代师德观的重要内容。孔子极爱学生,从政治思想、品德作风、学业才能,以及日常生活等方面无不关怀备至。他以实际行动为热爱学生树立了伟大的榜样。孟子把"得天下英才而教育之"(《孟子·尽心上》)作为人生一大乐事,还特别指出"仁者爱人,有礼者敬人。爱人者人恒爱之,敬人者人恒敬之"。荀子强调教师在热爱学生的同时,还应该对学生严格要求。他指出:"水深而回,树落而粪本,弟子通利则思师。"(《荀子·致士》)相较而知,孔、孟和荀子代表了教师的两种风格,孔、孟都是和善而可亲的教师,荀子则是威严而可敬的教师。朱熹则对学校师生关系的不和谐提出了尖锐批评:"师生相见漠然如行路之人。"他发扬孔子以来热爱学生的精神,对学生充满深厚的感情,"讲论经典,商略古今,率至夜半。虽疾病支离,至诸生问辩,则脱然沉疴之去体。一日不讲学,则惕然常以为忧"。(黄干《勉斋集》四库全书本)在他晚年被贬时,仍讲学不息。中国古代教育家热爱学生的优良传统是建立在高度的自觉性之上的,能做到对学生热爱有加,形成了中国古代师德观上的一个优良传统。

(4) 个别与整体的统一

孔子可以说是最早实行因材施教的教育家,朱熹说:"夫子教人,各因其材。"颜渊称赞孔子"循循然善诱人"。墨子对因材施教也颇有心得,他说:"能谈辩者谈辩,能说书者说书,能从事者从事。"(《墨子·耕柱》)又说:"知者必量其力所能至而从事焉。"(《墨子·公孟》)西汉的董仲舒对因材施教也有自己的独到见解,他说:"故知其气矣,然后能食其志也;知其声矣,而后能扶其精也;知其行矣,而后能遂其形也;知其物矣,然后能别其情也。"(《春秋繁露·正贯第十一》)中国古代教育家普遍把因材施教当成师德的具体内容,他们的精辟论述对于今天的为人师者仍有借鉴意义。

(5) 宽与严的统一

教师作为传道、授业、解惑者,对教师的要求是相当严格的,严于律己可以说是师德最为基本的一项内容。孔子作为古代私学的创始人,对教师应该严于律己有着很深的体会。他说:"盖有不知而作知者,我无是也。"(《论语·述而》)还有"子绝四:毋意,毋必,毋固,毋我"。(《论语·子罕》）意思是，他对自己要求很严格，不主观臆断，不绝对肯定，不拘泥固执，不自以为是，这涉及人的道德观念和价值观念，人只有首先做到这几点才可以完善道德，修养高尚的人格。荀子一方面强调"师严而道尊"，一方面又特别重视教师要严于律己。"君子博学而日三省乎己，则知明而行无过矣。"（《荀子·劝学》）东汉的王充对教师的要求是很严格的，认为："常言人长，希言人短。""处逸乐而欲不放，居贫苦而志不倦。""游必择友，不好苟交。""忧德之不丰，不患爵之不尊。"（《论衡·自纪篇》）中国古代教育家强调严于律己，是因为他们认为教师的地位是崇高的，教师必须严于律己，才能为人师表，这在今天仍有相当的积极意义。

第31讲

中国传统师德的主要特征有哪些？

（1）中国传统师德有深厚的敬业爱生情感

中国传统师德中，教师的作用已上升到了安邦国、导民众、正民风的高度，特殊的社会地位和社会作用要求教师具有强烈的责任感和使命感。这种责任感和使命感首先表现为"诲人不倦"的精神，表现为教师的博大胸怀和崇高人格，表现为积极主动的教育态度，也体现了教师的无上荣光。

（2）中国传统师德表现出强烈的育人至上意识

教师一切道德实践活动的目的都是为了培养人才，这是我国古代教育家的基本主张。育人至上是传统师德的核心内容，是区别于其他传统职业道德的本质特征，传统师德对教师提出了"以身立教""为人师表"的具体道德要求。

（3）中国传统师德有不倦的好学进取精神

中国传统师德中，好学进取是教师履行职责的重要保证。教师职业的特殊性，赋予教师本人的学习态度和业务能力以道德意义。教师必须具有良好的知识素养和教育教学能力，才能承担起培育人才的重任。

（4）中国传统师德有精湛的教育教学理念

在教育方法上，传统师德为我们留下了许多宝贵的财富。因材施教是孔子教学的重要经验，循序渐进是中国古代施教中的一个重要方法，启发诱导也是孔子首创："不愤不启，不悱不发。举一隅不以三隅反，则不复也。"寓教于乐则体现了艺术对于道德教化的渗透作用。

(5) 中国传统师德有鲜明的教育开明作风

教育开明是中国传统师德的重要准则，教育开明作风表现在对待教育对象上的平等和教学过程中师生关系的平等，并由此形成了"平等相待""一视同仁""教育公正"等一系列师德品质。

第32讲

中国传统师德的现代价值是什么？

中国传统师德遗产，不仅造就了一代又一代知识分子，而且以知识分子为载体世代相传，对形成和弘扬中华民族传统美德发挥了巨大的推动作用。在今天知识经济和市场经济发展过程中，我们应赋予珍贵的师德遗产和师德传统以新的时代内容，并进一步继承并发扬光大。

(1) 研究中国传统师德观，有助于继承和发扬师德传统

中国五千年文明孕育了中华民族，优秀传统文化代代传承，成了中华民族的精神食粮，师德是其中不可缺少的一部分。研究中国古代师德观，有助于我们继承这一宝贵的文化遗产，同时在实践中进一步改进创新、发扬光大。

(2) 研究中国传统师德观，有助于提高教师的道德修养

中国传统师德观的文化遗产产生于不同的时代，但有许多共同的特征。中国古代教育家"敬业爱生、育人至上、教育开明、好学进取"的师德遗产，至今仍闪耀着真理的光辉。今天，我们研究前人的师德观，吸取其中的精华，可以形成新时代的师德观，有利于个人的品德修养。传统师德的熏陶和润泽，能够内化为个人价值选择和价值判断的准则，成为我们不断丰富自己的精神家园、完善个人人格和道德品质的重要推进力量。

(3) 继承传统师德的精髓，有利于促进教育事业发展

自觉学习中国古代师德，对教师群体积极投身教育事业、更好地履行自己的使命具有重要的意义。

（4）发扬光大传统师德，有助于社会主义精神文明建设

研究中国古代师德观，以此作为我们学习的理论基础，便于我们从理论高度把握师德真义，转化为我们的道德信念，在教育教学过程中指导自己的行动，将会更多地影响学生，在社会上起到"率先垂范"的作用，从而影响社会主义精神文明的建设。

第33讲

新时期教师在职业道德方面还存在哪些具体问题？

当前中小学、幼儿园教师职业道德的主流是好的，绝大部分教师热爱教育事业，恪守师德规范，其精神和业绩得到了全社会的尊重和肯定。但是，随着我国社会转型期的加快，市场经济的负面影响，多元文化价值观的影响，不良社会现象的诱惑，教师队伍中有的教师也出现了思想政治水平不高、道德品质缺陷、业务能力减退等问题，并且某些问题在极少数教师身上还表现得比较明显。问题虽非主流，但其危害极大，腐蚀了教师的群体道德，损害了教师的整体社会形象。

（1）敬业意识淡薄，治学精神松懈

立身从教志向不足，工作不大安心。个别新教师身上这一点表现得较为突出。他们面对繁杂的教育工作心猿意马，不能安心从教，常常在学生面前发牢骚，课堂教学情绪化；缺乏开拓进取精神，工作敷衍塞责。总之，他们不积极学习科学文化知识和新的教育教学理论，不主动接受新的教育理念，不愿意改进教法；只能勉强完成自己工作任务，批改作业不够认真，治学精神松懈，教学研究动力不足；心浮气躁，缺乏耐心，难以包容，工作方法简单粗暴，同理心缺失；经常与学生较劲，与学生家长关系紧张。

（2）职业行为失范，难以为人师表

仪表上不能为人师表。有的教师衣冠不整，仪表不端庄；有的则追求所谓时尚，奇装异服，浓妆艳抹，发型奇怪，在学生中造成不良影响，同时也引起部分家长的不满。语言上有失大雅。部分教师语言不文明，批评学生脏字乱蹦，粗话连篇，甚至奚落羞辱、诋毁谩骂学生。行为上失范。

有的教师在课堂上不顾学生，接听手机，酒后上课，监考抽烟，在学生心目中留下不良印象。

（3）价值取向倾斜，追求功利实惠

不合理收费或规劝诱导学生购买教辅资料及其他物品。个人主义、享乐主义占据头脑，在市场经济的负面效应影响下，个别教师过分看重个人价值和个人利益，把教师工作仅当作一种稳定的谋生渠道；变相向学生家长索要钱物，乐意接受学生家长宴请，利用各种机会接受学生家长的礼品，或利用学生家长的关系超限度帮自己办私事；半号召半强迫地让自己所教的学生接受补课。以教谋私的行为冲击着神圣的校园讲坛，冲击着教师职业道德的底线。这些不良现象损害了教师的形象，腐蚀了教师队伍，助长了社会不良风气，不利于学生形成健康的道德品质、正确的价值取向和良好的公民素养。甚至有个别教师无视党纪国法，泄露公考试题，徇私舞弊，造成极坏影响。

（4）侵犯学生人权，践踏学生人格

悄然使用精神暴力，不经意的讽刺挖苦、冷嘲热讽，有意的尖酸刻薄、歧视、侮辱、诋毁等伤及学生人格尊严的不文明话语，让学生产生厌学情绪。个别教师体罚和变相体罚学生，侵犯学生的人权，罚站立、罚跑步、打手心、揪耳朵、抽耳光、扒裤子、晒太阳、贴胶条等属于直接体罚；有的教师利用其他手段或名义，变相体罚学生，罚值日、罚抄书、罚背诵、甚至罚款，在生理上和心理上都对学生造成了严重伤害。更有甚者，猥亵奸污学生，特别是对年幼孩子实施性侵犯。全国各地出现类似案例较多，这种令人发指的行为是师德中最败坏的表现，损害了人民教师为人师表的形象，产生了极其恶劣的社会影响。特别是自2013年5月8日到27日，20天内有8起校园猥亵性侵幼女案被曝光，引起了全社会对师德的再度拷问。

第34讲

教师职业道德失范的成因有哪些？

教师职业道德失范问题是通过教师个体表现出来的。问题的滋生与存在，严重冲击了学校正常的教学管理工作，影响了教育教学整体工作的正常开展。产生这一问题的原因往往是复杂多样的，调查研究发现，教师职业道德中存在的问题主要包括社会、教育主管部门、学校教育管理、师德教育本身和教师自身等方面的原因。

(1) 社会

20世纪90年代以来，市场经济逐步在中国社会确立了其主导地位，传统中国"重义"为主的价值观和市场经济"重利"为主的价值观发生了激烈的竞争和冲突，人们的道德价值观随之也处于不断地产生矛盾、解构、分化、重组之中。市场经济的负面影响、多元文化价值观的影响以及不良社会风气的影响，冲击了教师的基本价值观念，浸染了教师职业道德色彩。

(2) 教育主管部门

教育主管部门和学校的方针政策、工作目标、规章制度都会直接影响教师的行为，改变某种行为、强化某种行为会成为一贯的行为表现，形成职业道德品质。管理过程中违背教育规律的措施也可能导致师德缺失和行为失范。有的教育部门片面追求合格率、优秀率、上线率、升学率，单纯地用阶段统考及中高考成绩考核学校，评优划等，导致学校和教师把工作重心放在教学成绩上而忽视其他方面，结果引发系列师德问题。个别地方教育部门评优晋级、教师招聘注重看考核的成绩，而忽视师德状况，使极个别思想道德低下的人轻易混进教师队伍；有的对新进教师没有进行严格岗前培训，有培训计划的则消减了师德教育。教育的功利化促使产生生源恶性竞争、扩大办学规模、追求经济效益的收费办班、名目花样不断翻新的辅导班等诸多现象，教育行政部门费尽心思却难以遏制。加之，名校美誉效应光环叠加，弱势学校赶超无力。凡此种种，导致了违背教育规律的不良竞争，进而产生了系列师德问题。

（3）学校教育管理

学校单一的管理制度和教学评价容易造成教师职业道德失范。学校师德建设过于形式化，缺乏深入探讨，往往只顾完成上级文件客观任务而时常流于形式；内容上往往只是法规的低循环培训，很少涵盖教师的精神追求；师德建设的主体只抠住教师群体"单打一"，没有与学校管理、学生教育和家长培训一起全盘考虑，形成合力；学校师德管理监督机制不完善，难以形成师德建设的良好氛围；学校教师评价方式"老套技穷"，学校一年一度的师德标兵评选已有审美疲劳，不能从材料卷宗中走出，远离教师教育教学对学生产生影响的实际表现；学校师德培训体制不健全，培训内容缺乏时代感，重视道德规范的灌输，围绕最新课标、教师专业标准和师德培训课程标准（GSD）开展的，"国培计划"师德热点问题高质量的培训稀缺，培训效果不理想。

（4）师德教育本身

教师职业道德教育的理论比较贫乏，教师职业道德教育的本质和规律研究不足。我们还没有准确把握道德教育和知识教育、技能教育的区别，职业道德教育和社会公德教育、家庭伦理道德教育的差异，教师职业道德教育和其他职业道德教育的不同特点，还没有完全把握师德的专业性与非专业性、教师的专业伦理与其他的专业伦理的关系，所以，师德教育缺乏科学性和实效性，当前还无法适应教师专业发展的需要。传统教育思想影响了我们对师德教育价值的认识，教育决策者们将教育看作社会的一个子系统，往往只从社会需要的角度强调教育的重要性和基础性。加之，受个性浮躁化、教育功利化影响，教育的工具性和经济性功能被无限放大，而师德教育中教师内在价值的实现、生命发展和生命力的展现没有得到应有的重视与阐发。培养德行为主，遵循规范为辅，以专业的德育提升生活的品质，开启德育、呼唤智慧的新领域任重道远。

(5) 教师自身

一是教师的职业定位。做高素质的人民教师，也是教师本人安身立命、获得幸福人生的需要。但这种需要在某种程度上只处在强制的他律状态，没有完全被教师认同并内化为自己的思维、情感、意志，形成内部调控的自律机制。二是教师的职业压力。教师工作在教学第一线，教学压力大、任务重，过重的压力和负担造成了教师工作精力的隐性流失，造成了师表意识的淡化。三是教师的师德修养。由于社会发生变迁，教师价值取向多元化。部分教师对于市场经济竞争性、市场经济价值规律和市场经济的效率意识的误解，导致个人主义、自由主义思想蔓延，造成了个别教师奉献精神淡化和人际关系庸俗化，造成了个别教师拜金主义思想泛滥和敬业精神弱化。

第35讲

如何发挥政府和社会在师德建设中的宏观作用？

加强师德建设要充分发挥政府和社会在师德建设中的宏观作用，发挥政府向导组织和提供社会公共服务等多种职能，努力创建利于师德建设的社会大环境。

（1）重视师德建设，筑牢"中国梦"基石

一要筑牢思想基础，心怀中国梦想。政府部门要把加强和改进师德建设作为关乎全局的战略任务，将其纳入经济社会发展总体规划，列入相关部门重要议程。站在确保社会主义事业兴旺发达的战略高度，从全面建设小康社会和实现中华民族伟大复兴的全局高度，充分认识加强师德建设的重要性和紧迫性，主动适应新形势、新任务下的新要求，努力开创师德建设工作的新局面。

二要明确指导思想，牢记总体目标。党的"十八大"报告明确指出："抓好道德建设这个基础，教育引导党员、干部模范践行社会主义荣辱观，讲党性、重品行、做表率，做社会主义道德的示范者、诚信风尚的引领者、公平正义的维护者，以实际行动彰显共产党人的人格力量。"

师德建设工作的总体目标是，把师德建设摆在教师队伍建设首位，以社会主义核心价值体系为引领，努力建设一支师德高尚、业务精湛、结构合理、充满活力的中小学教师队伍。

三要把握发展趋势，理清工作思路。要从整体上把握师德建设的基本现状和发展趋势，做出关于师德建设的正确决策，制订师德建设的长远规划，理清师德建设工作的总体思路。

师德建设工作的总体思路是，充分尊重教师主体地位，建立健全教育、宣传、考核、监督与奖惩相结合的师德建设长效机制，引导教师自尊、自强、自省、自律。健全完善师德表现的激励、约束和惩戒制度，用制度规范师德行为，引导教师立德树人，为人师表，不断提升人格修养和学识修养，强化法律意识，做遵纪守法的模范。

四要科学安排行动，力求工作实效。结合实际，根据中共中央有关文件精神、省有关文件精神，从各地各部门的具体情况出发，制订师德建设规划和实施方案。形成政府统一领导、党政齐抓共管、相关部门各尽其责、全社会监督的领导机制和工作机制，各级教育行政部门依次制订师德考核办法，学校制订具体的实施细则，确保有关精神和要求落到实处。

（2）加强社会监督，建立师德建设长效机制

政府要发挥经济职能，发挥协调作用，发挥社会服务职能，在改善教师职业道德建设宏观环境前提下加强外部约束，加强社会监督，建立健全教育、宣传、考核、监督与奖惩相结合的师德建设长效机制。

一要优化社会环境，营造尊师氛围。首先，优化社会环境，为师德建设营造和谐氛围。加强师德建设，需要良好的社会环境作为保障，优化政治环境，促进师德建设的良性发展；优化经济环境，建立公平有序的市场体系；优化文化环境，形成健康向上的社会风气。其次，坚持正确的舆论导向，大力宣传教师的地位和作用，像"第四届全国道德模范评选表彰活动"那样，大力树立和宣传优秀教师先进典型，深入开展学习、宣传师德模范，弘扬主旋律，传播正能量，激励广大教师崇德向善、见贤思齐，引导全社会积善成德、明德惟馨。

二要严格师德考核，突出师德激励。教育行政部门要制订师德考核办法，完善师德表彰奖励制度，把师德表现作为评选教书育人楷模、模范教师、教育系统先进工作者、优秀教师、优秀教育工作者、中小学优秀班主任、中小学德育先进工作者等的必要条件，并将师德表彰奖励纳入教师和教育工作者奖励范围。师德考核不合格者，在教师资格定期注册、职务（职称）评审、岗位聘用、评优奖励和特级教师评选等环节实行一票否决制。

三要强化师德监督，注重师德保障。教育行政部门要建立健全师德年度评议制度、师德问题报告制度、师德状况定期调查分析制度和师德舆情快速反应制度，构建立体师德监督体系，及时发现并纠正不良倾向和问题，将师德建设纳入教育督导评估体系。建立健全违反师德行为的惩处制度，亮出师德"红线"，提出相应处理办法，对危害严重、影响恶劣者坚决清除出教师队伍，涉及违法犯罪者移交司法部门处理。教育行政部门负责对师德建设工作的指导和监管，要结合实际，制订区域师德建设规划和实施方案。充分发挥教育工会、学校教代会和群团组织的积极作用，形成加强和推进师德建设的合力。

（3）强化政府职责，发挥督导依法规范作用

政府要完善各自的教育督导制度，建立督导责任区制度和督导结果公示、公报、反馈及督导整改等制度，规范政府教育督导行为，切实发挥督导的监督、指导作用。

一要落实以区（县）为主的教师队伍管理体制，从制度层面对教师队伍建设提供保障。将教师队伍建设工作纳入年度工作考核，建立年度绩效考核制度，将考核结果作为奖惩依据。

二要将师德建设情况，特别是建立健全教育、宣传、考核、监督与奖惩相结合的师德建设长效机制情况纳入对部门的考核，推动相关部门落实教师队伍建设的任务。

三要将教师队伍建设的重难点问题作为教育督导的主要内容。根据教师队伍建设的实际，将教育、宣传、考核、监督与奖惩等作为督导评估的主要内容，推动落实教师队伍建设的任务，规范、引领学校建设高素质的教师队伍。

第36讲

学校如何完善师德教育培训体系，建立健全师德考评制度？

教育培训的内容是师德建设最为核心的部分，是促进教师职业道德提升的载体。完善师德教育培训体系，建立健全师德考评制度在很大程度上决定着师德建设的质量。

(1) 完善师德教育培训体系

一是校长先要熟悉《教师教育课程标准（试行）》。为深化教师教育改革，教育部发布了《教师教育课程标准（试行）》（以下简称《标准》）。《标准》重塑了教师的专业形象，在"育人为本"、实践取向和"终身学习"理念的指导下，确立了教师教育课程目标，优化了教师教育课程结构，强化了实践性教育环节，推进了职前、在职教育的一体化，为我国中小学及幼儿教师专业化培养提供了指南。校长先要熟悉《标准》，为领导制订师德专题培训奠定基础。

二要有针对性地确定师德培训内容，并形成体系。学校要深刻领会新时期师德的内涵、政策要求及意义，掌握教师伦理的相关理论，能针对师德问题进行理性分析；能运用师德理论对当前师德教育中存在的问题进行研究，从理论层面与现实层面确定和选择培训主题。如新时期师德建设现状、问题及出路，模范教师成长规律分析，教师竞争压力与团队合作精神，新时期学生特点对师德建设的挑战，教师职业倦怠缓解与教师自主成长，师德建设与新型师生关系探讨，仁爱与师德，传统文化与职业素养等。

三要创新教师培训模式与方法，提高教师培训质量。教师培训也要适应教学方式和学习方式的变化，采取集中培训、分层轮训、远程培训、班组上门、校本研修、组织师德巡讲团和外派熏陶等多种有效途径进行师德培训。以问题为中心，案例为载体，科学设计培训课程，创新和优化培训方法，不断提高师德培训的针对性和实效性。

（2）建立健全师德考评制度

师德考评是激励、督促教师提高自身素质、履行职责的有效途径，学校要确立教师评价新理念，健全考核评价制度，借助管理手段，将教师的职业道德与教师的考核结合起来，在民主、公平、公正的基础上，构建可供操作的、具有校本特色的师德评价体系，实现评价结果的合理性。

一是重视教师职业道德评价。学校应设立独立的教师道德评价组织机构，承担师德目标和评价体系的制订以及实施过程中的检查、指导、总结，可以对师德评价工作进行跟踪管理，实现评价动态化，对评价机制进行科学的研究和规划，促使其有序发展。学校要确立以人为本的师德理念，根据有关法规对教师的职业道德做出清晰且详细的条块要求，使师德建设的标准趋向于具体化和制度化。

二是制订合理化评价标准。学校职能部门要根据教育行政部门制订的相关教师职业道德规范，密切结合校本实际，设计出合理、严格的规章制度，建立一套科学完整的师德评价方案。师德评价标准应具备时代性——与时俱进；体现内容的全面性——摒弃单维成绩；指标力求详细——"质""量"具体。

三是坚持师德评价主体的多元化。学校要凭借校内外舆论、教育传统、习俗和教师内心信念等形式，对教师的职业行为做善恶、褒贬的道德评价，发挥评价的导向、激励和改进功能，通过反馈、调控作用，促进教师总结、改进工作，提高师德修养。评价主体要坚持多元化的原则，采用教师自评、教师互评、学生评价、领导评价、家长评价、社会评价等相结合的方法，构建以教师自评为主体，同时与他人评价相结合的教师职业道德评价机制。

第37讲

学校如何建立健全师德监督体系？

建立健全学校师德监督体系，促使教师养成良好的师德习惯，是解决学校师德失范问题、提升师德水平的重要举措，也是确保师德建设体系创新、务求实效的重要保障。其中，健全监督机构，选取监督主体；制订监督标准，建立监督量表；加强监督反馈，建立师德档案等环节的有效结合与融合，是建立健全学校师德监督体系的关键。

（1）健全监督机构，选取监督主体

学校要成立师德监督领导小组，全面负责师德建设规划和活动安排；成立由校领导、专家、教师、学生、家长等方面代表共同组成的高效师德督导机构。同时，选取监督主体，形成学校师德监督合力。师德监督主体是监督行为的实施者，包括教学管理人员、教师同行和学生群体为主体的校内监督，社会人士通过社会舆论的监督，同时也包括学校教师以职业良心、职业责任为导向的自我监督。

师德监督领导小组通过听课、专家评议、自我评价、学生打分、家长调查、建立师德监督网站等手段，全面了解教师的师德状况；成立专门的考核机构，对教师的教学工作和非教学活动进行量化考核。

（2）制订监督标准，建立监督量表

师德监督标准是教师必须遵守的最起码的、最基本的职业道德规范和要求，是学校师德监督行为的基础和依据。制订科学的监督标准是实现有效监督的先决条件，监督量表要把在总体职业理想引导下，既有教师职业理想的总体要求，又有较强的可观察性和可操作性的具体标准作为依据，以师德规范体系三个层次为基础制订监督标准，按职业理想层次、道德原则层次和道德规则层次，呈现理想、合格、底线的评价标准，体现较强的可观察性和可操作性。

（3）加强监督反馈，建立师德档案

学校师德监督的目的是提高学校教师的思想道德素养，形成良好的师德行为，逐渐由师德他律走向师德自律。学校师德监督在监督主体与教师之间形成开放的双向互动和横向贯通的过程。监督主体与教师之间形成开放互动的重要体现，是将师德监督的结果及时反馈给教师本人，让教师及时了解别人对自己师德行为的评价，对自己形成更为全面客观的认识，及时发现日常师德行为中存在的不足，加以改进和提高。

师德终身档案的存在会使监督的结果具有长期的有效性，让教师不断自觉完善道德修养及师德行为。建立学校教师师德档案，能够将分散的监督反馈结果形成系统的资料，使监督主体以及教师自身更好地了解师德状况及其发展趋势，从而对教师的师德水平形成历史的、全面的客观评价。

第38讲

教师如何加强自身的师德修养？

自我修养是师德修养的重要形式，良好师德的形成实际是教师职业价值认知、情感培养、意识强化、良知树立、习惯形成的自觉内化结果。自身师德修养，有利于促进自身道德品质的完善，提高师德水平；自身师德修养，有利于培养所教学生的优良品质；自身师德修养，有利于建设精神文明，弘扬社会主义风尚。

（1）提高师德认识

提高师德认识是进行师德修养的前提。师德品质是教师个体在对一定的师德要求自觉认识的基础上而产生的行为积淀，与个体的主观意识有关，对师德要求的正确认识，是以对教师职业的社会道德价值的认识为前提的。教师自身若能够深刻认识到教育工作在现代化建设中的战略地位，认识到自己肩负的历史重任和加强师德修养对于教育教学的意义和作用，就会增强自己的责任感和事业心，把师德修养变成自己内心的需要和自觉行为，从而在自己的岗位上做出应有的贡献。如果缺乏对师德要求的正确认识，教师就不可能热爱教育事业，更谈不上为人师表，教书育人。

（2）陶冶师德情感

有了正确的师德认识，不一定能形成高尚的师德品质。师德情感是自身由于对事业的善恶判断所引起的思想、行为而产生的情感体验。情感体验在师德品质的培养中起着重要的催化和调节作用。教师本身要一身正气，并勇于伸张正义、维护学生合法权益，要以公正的态度对待学生，处理好人际关系。教师看到自己辛勤的劳动成果，看到自己培养出来的一批批学生长大成才，成就感与自豪感就会油然而生，从而意识到自己的社会价值并感到由衷喜悦和自我安慰，从学生的成长中领悟到自己的工作意义，并获得幸福。

（3）培养师德

师德意志是人们在实践师德要求过程中战胜困难和克服障碍的毅力。道德意志来源于崇高的道德理想，来源于深刻的道德认识和科学的世界观，师德意志则来源于正确的师德认识和强烈的师德情感。提高了认识，升华了情感，才能表现出坚定性、果断性。师德认识和师德情感也离不开师德意志。因为师德品质的培养过程不是一帆风顺的，有困难就要去克服，有曲折就要去战胜，在各种情况下表现出顽强、刚毅、坚定的品格，使自己的行为符合社会主义师德要求，并凝结成为高尚的师德品质。教师要在辛苦的教育教学工作中，树立磨炼自身的道德意志，首先要确立道德理想。特别是青年教师要树立崇高的道德理想，坚强的道德意志来源于崇高的道德理想，崇高道德理想是道德意志活动的灯塔，可以使人在任何道德境遇中保持道德情操，为实现崇高的道德理想而不为纷杂世界所惑乱，百折不挠，奋斗不息，勇往直前。

（4）确立师德信念

坚定的师德信念是师德修养的核心力量，是教师发自内心的对某种道德义务的真诚信服和责任感，是深刻的师德认识、炽热的师德情感和顽强的师德意志的统一。坚定信念，树立教书育人的远大理想是一名合格教师献身教育事业的动力源泉。教师必须具有为实现"中国梦"而奋斗的坚定信念和为祖国培养现代化人才的责任感和使命感，把培养学生成为社会有用人才作为自己的神圣职责。教师要不断严格要求自己，加强自身修养，才能不辜负党和人民赋予的光荣历史使命。

（5）培养师德行为

行动才是师德修养的最终目的，在明确的师德意识指导下，依靠师德信念，自觉选择行为，养成师德习惯。

由古及今，教师的职业道德都是在长期的教育实践中养成和发展起来的，只有实践才能使道德认识转化为道德行为，获得对师德规范、师德原则和师德理想的认识的升华。培养稳定、正确的道德情感、道德意志和道德信念，养成稳定的道德行为习惯，需要通过认识、实践，再认识、再实践的循环往复的过程，经过一次次的锤炼，使认识和实践能力逐渐得到提高和升华。要养成良好的师德行为和习惯，必须持之以恒，严格要求自己。好的行为习惯不是一天培养成的，而是一个长期的渐进发展过程。只有长期不懈地按照师德要求规范自己的行为，才能养成良好的行为习惯，形成优良的师德品质。

第39讲

教师怎样才能弘扬中国传统师德，做新时代良师？

中国传统师德是中华民族创造的光辉灿烂文化的重要组成部分，几千年历史，中华民族涌现了孔子、孟子等一大批思想家、教育家，他们都在师德的普遍性问题上进行过不懈探索，建立了中国传统师德思想体系，形成了具有民族特色且极具生命力的传统师德观。我国优良的师德传统理应大力宣传和发扬光大。

（1）关爱学生，有教无类

中国传统师德中的"关心学生""热爱学生"，一直被认为是一个教师必备的首要条件。孔子关爱学生已成佳话，从政治思想、品德作风、学业才能各方面对学生关怀备至。孔子对品学兼优者充满爱心，其情感人至深。孟子把"得天下英才而教育之"作为人生一大乐事；"仁者爱人，有礼者敬人；爱人者人恒爱之，敬人者人恒敬之"影响了一代又一代人，今天为师者应该学习。

在中国传统师德中的"有教无类"，是孔子教育思想的重要组成部分，他倡导在教育对象上每个人都可以接受教育，每个人都有接受教育的权利。"有教无类"的公平教育思想对于我们今天提倡教育平等，保障学生受教育的权利有一定借鉴意义。教师对待学生的道德原则要求平等、公正、民主地对待学生，即处理与学生的关系时要平等，师生交往中保持"亦师亦友"的关系，要责无旁贷地热爱学生，教育学生。

（2）学而不厌，诲人不倦

孔子最早提出了"学而不厌，诲人不倦"的思想，这也是孔子对教师所提出的最有名的师德规范。作为一名教师，首先要"学而不厌"，要对已有的学问适时温习，还要不断地了解、学习新知方能为人师，才能博学多能让弟子敬佩，"温故而知新，可以为师矣"。教师在教学中要虚心钻研，还要经常向他人学习，"三人行，必有我师焉"。还主张"择其善者而从之，多见而识之。"他说："教不倦，仁也。""诲人不倦"是教师可贵的品格，而今的教师应敬仰而力行之。

（3）因材施教，循循善诱

孔子认为，在教学过程中，教师要讲究教学方法，讲求教育技巧，要针对学生的不同情况和特点启发学生。孔子也是最早实行因材施教的教育家，"夫子教人，各因其材"。颜渊称赞孔子"循循然善诱人"。他提出"不愤不启，不悱不发""举一反三""闻一知十"等教学方法。古代教育家普遍把因材施教当成师德的具体内容，有较大的积极意义。他们的精辟论述对今天我们为人师者仍有借鉴意义，新时代的教师要牢记对社会、学校、学生应尽的责任和义务，因材施教，循循善诱，潜心教书，静心育人。

（4）言传身教，为人师表

我国自古对教师就有较高的道德修养要求，"学为人师，行为世范"，"修身养性"的道德传统强调"修犹切磋琢磨，养犹涵养熏陶"。"以身作则，为人师表"是我国教师的优良传统。先圣孔子就很重视教师自身的示范作用，认为教师的身教胜于言教。"其身正，不令而行；其身不正，虽令不从。""不能正其身，如正人何？"孔子在教育弟子时，非常注重自己的言谈举止，又说过："苟正其身矣，于从政乎何有？不能正其身，如正人何？"（《论语·子路》），古之为师者都非常关注、发挥以身作则的作用。

我国古人的修身养性值得我们研究学习。古人认为，只有先"修身"，然后才能"齐家""治国"。"修身"的方法注重"致知""内省""践履""慎独"。"致知"是个体通过深入地明伦察物，深刻认识和把握各种道德规范的过程。"致知"是培养趋善避恶的道德意向及其情感，从而选择恰当道德行为的前提和基础。"内省"是个体自觉进行道德反思的过程。"践履"是道德观念、道德规范和道德理想付诸实践的过程。"知是行的主意，行是知的功夫，知是行之始，行是知之成"，即强调行的作用。"慎独"的意思是君子在深居独处或个人单独行动的时候，要随时警惕自己，决不能因别人不知道而做出违反道德的行为，这是修养的高境界。

第40讲

教师怎样才能保持良好状态，实现自我价值？

教师要想心理健康，首先就要拥有健康的体魄，而教师的职业特征又要求教师要有极强的自我调节情绪的能力，并重视自身的心理健康，运用科学知识调整自己的心态，使自己始终处于一种积极、乐观向上的祥和、稳定、健康的状态，以旺盛的精力、丰富的情感、健康的情绪投入到教育教学工作中。

(1) 正确理解身心关系，敬畏生命，爱惜自身

我国儒家文化传统中早就显露出"敬畏生命"的哲学意蕴，四时代谢，云行雨施，品物流行，"生生大德"寻常之象却能让人体悟生生不息之生命意蕴，孔子"天何言哉，四时行焉，百物生焉"已流露出对生生之机的由衷赞叹。"生生"是宇宙内必然和普遍的道理，来自天道正当自然，人珍视自己的生命是必需的。

"爱惜物命"。孔子"钓而不纲，弋不射宿"，其仁爱之心众所周知，孟子的心之四端"恻隐之心"，后儒家发展了孔孟的仁爱之心，呼吁人应发扬恻隐之心，珍爱生命，与万物友好相处。中外思想家对"敬畏生命"思想的论述，充分表达出对人乃至生命体的呵护、尊重和珍惜的态度，尽管先哲们对"敬畏生命"的理解还存在一定程度的局限性。而今"敬畏生命"则指向对人的整体生命的敬畏，表现得也更加丰富、全面，是教师对自身、教师对学生的整体生命的敬畏。教师要爱惜身体，同时摒弃漠视生命、对生命漠不关心的教育行为，才会有有意义的人生；被漠视、抛弃的身体，被虐待、惩罚的身体是自己对自己或对学生生命的忽视，必然造成对生命健康成长的灾难性影响。

教师要注意营养需求，养成良好的饮、食、坐、卧、行的良好习惯，积极进行体育锻炼，保持良好的身体素质，合理作息，科学用脑，以自己的健康之躯教育出更健康的学生。

（2）树立积极的人生观，形成正确的自我认识

教师要树立崇高的人生价值目标和人生理想，忠诚于党的教育事业，从内心激发自己饱满的教育热情和无穷的青春活力，使自己的人生价值不断升华。社会主义时代的教师的理想人格，是社会主义历史阶段的道德原则和规范，教师应有的尊严、价值和品质，在教师职业劳动中完美而又具体地体现，它的基本要求是教书育人，最高要求是为人师表。

老子曾说："知人者智，自知者明，胜人者有力，自胜者强。"自我认识是人对自己和自己周围关系的一种认识，是人的基本能力，它能自觉地调节心理需求和相互的能力。教师的自我完善是从自我认识、自我设计开始的，要正确地认识自己，深入分析自己的兴趣、思想、品德、知识、能力。要能悦纳自己，悦纳学生，通过自我设计，树立自我理想，明确努力方向，虚心学习，勇于实践，在对客观世界的认识和改造中逐步达到自我完善。

（3）学会疏导情绪，保持平和心态

实践证明，不良的行为往往是由不良的情绪引起的。心态影响人的能力，能力影响人的命运。好心情才能欣赏好风景，心态也需要调整。塑造健康的心态，塑造感恩知足、乐观开朗、热情向上的阳光心态，就是要树立积极的价值观，创造快乐健康的人生，释放正能量，永不做情绪的污染者，即使暂时有了不良情绪，也要疏导情绪，保持平和心态。

作为教师，天天面对的是可爱的孩子，生活上的纷繁、工作上的艰辛有时会让人感觉到烦恼的存在，但教师的工作是塑造完美个性的工作，教师的职业是用心灵浇灌心灵的职业，这就决定了教师在遇事时，必须要很好地调节自己的情绪。人与周围的人和事物发生交流和互动，一定会有情绪上的变化，教师要意识到情绪带给自己和别人的危害，做到先处理心情，再处理事情；先克制自己，再说服别人。当已发生过度情绪波动时，提醒自己及时疏

导宣泄，可采取转移、升华、自慰、控制法调节，保持平和心态。

（4）善于与人交往，建立和谐人际关系

良好的人际关系是人们适应环境、做好工作、实现自我价值的需要。教师应能够自觉处理好与其他各方面的关系，形成团结、互助、友爱、和谐的人际环境和共育良才的合力。

教师在工作中要尽可能地处理好四方面的人际关系：其一，正确处理好和领导的关系，表现为领导能关心、爱护、尊重、信任教师，教师也对学校领导尊敬、信赖、拥护、支持；其二，正确处理好和同事的关系，表现为尊重互助、互敬互让、大局为重、工作协调；其三，正确处理好和学生的关系，表现为教师关爱学生，理解、尊重学生，并严格要求学生；其四，正确处理好和学生家长的关系，表现为教师主动热情与家长真诚交往，尊重、理解家长，并能与家长积极配合，帮助家长提高家庭教育水平。一句话，只有自己先快乐了，家庭才有幸福的涟漪，学生才有成功的笑脸，班级才有频传的喜讯。

政策法规篇

依法执教是师德素养的底线要求。法律与道德在现代社会发展过程中所起的作用是相互促进、相互补充的。道德在社会秩序维持的过程中起主导作用,法律是维持社会秩序所必需的一种手段。教师要用法律来规范自己的教育教学行为,要合法、规范、严谨地开展教育教学活动,要用相关的法律法规来指导自己的教育教学实践。

第41讲

我国哪些教育法律明确规定了教师职业道德要求?

改革开放以来,我国大力推进教育立法,着力加强普法与依法治教,为推进教育的改革发展,保护学生的受教育权和维护教师与学校的合法权益,提供了坚实的基础。1981年1月1日,新中国第一部教育法律《中华人民共和国学位条例》正式实施,拉开了中国依法治教的帷幕。之后,教育法制进程不断加快,我国相继颁布并实施了多部教育法律。教师的素养关系到每一位学生的发展,关系到民族的未来,国家颁布的教育法律中无不涵盖了对教师职业道德的要求。《中华人民共和国教育法》(以下简称《教育法》)、《中华人民共和国义务教育法》(以下简称《义务教育法》)、《中华人民共和国未成年人保护法》(以下简称《未成年人保护法》)、《中华人民共和国预防未成年人犯罪法》(以下简称《预防未成年人犯罪法》)和《中华人民共和国教师法》(以下简称《教师法》)等法律中都有明确的教师职业道德要求,为我国教育事业的发展提供了坚实的法律保障。

第42讲

我国哪些重要政策文件提出了教师职业道德要求？

1983年，全国教育工会召开老教育工作者座谈会，讨论教师职业道德问题，对各地学校开展师德教育起了有益的推动作用。1984年，在总结各地学校制订师德教育规范、开展师德教育经验的基础上，教育部、中国教育工会联合颁发了《中小学教师职业道德要求（试行草案）》（以下简称"试行草案"）。该试行草案对教师职业道德提出了六点要求，规定了教师个人在处理与国家、社会、家长、学生以及同事之间的关系时理应遵循的道德规范。该试行草案尝试吸取各地方院校师德教育的经验和教训，是改革开放以来我国首次以明确的法规对教师职业道德进行规范的文件，对推动我国教师职业道德建设具有重要意义。

1991年，国家教委和中国教育工会在总结该试行草案的基础上，重新修订、颁布了《中小学教师职业道德规范》。之后在1997年和2008年，对《中小学教师职业道德规范》又做了与时俱进的修订。

进入21世纪以来，科技革命、知识增长、经济全球化带来的社会发展深刻影响了教育，也迎来了对师德有更深、更国际化认识的新时代。在此期间，我国制定的重要政策文件体现了在新的时代将师德放在了举足轻重的位置。《国家中长期教育改革和发展规划纲要（2010—2020年）》《教育部关于进一步加强和改进师德建设的意见》《小学教师专业标准》《中学教师专业标准》《教育部关于大力加强中小学教师培训工作的意见》《国务院关于加强教师队伍建设的意见》等都明确提出了教师职业道德要求。

第43讲

《教育法》的重要地位和立法基础是什么？

《教育法》，于1995年3月18日由第八届全国人民代表大会第三次会议通过，并由中华人民共和国主席令第45号公布，自1995年9月1日起施行。《教育法》是新中国成立以来我国制定的第一部教育基本法，是教育法律体系中的"母法"，因此它的颁布在我国教育史上具有里程碑意义。

（1）重要地位

《教育法》是我国最高权力机关——全国人民代表大会审议通过的基本法。《宪法》是国家的根本大法，《教育法》是《宪法》之下的国家关于教育的基本法律。《宪法》是制定《教育法》的依据，《宪法》中有关教育的条款具有最高的法律效力，《教育法》不能同其抵触。《教育法》以教育关系作为调整对象，有着特有的法律关系主体和法律基本原则，并运用相应的处理方式。它与《刑法》《民法》等基本法律相并列，处于同等的法律地位。

《教育法》是国家全面调整各类教育关系，规范我国教育工作的基本法律，在我国教育法规体系中处于"母法"地位，具有最高的法律权威。其他单行教育法规都只是调整和规范某一方面的教育关系，或某一项教育工作的，都是"子法"。这些单行教育法规的制定和实施，都要以《教育法》为依据，不得与《教育法》确立的原则和规范相违背。

（2）立法基础

《教育法》是从中国的国情出发，立足国内教育实际，借鉴国外教育法的有益经验，经十年的调查研究，集全党、全社会的智慧形成的一部重要法律。《教育法》是教育改革和发展关键时期的必然产物，它的诞生经历了长期的孕育过程，有着坚实的立法基础。

第一，《宪法》为《教育法》的制定提供了立法依据。《宪法》规定了国家的根本制度和任务，是国家的根本大法。我国一切法律的制定都要以《宪法》为依据。《宪法》规定了我国发展教育事业的基本原则以及公民接受教育的权利与义务。

第二，《中国教育改革和发展纲要》为《教育法》的制定提供了全面的政策依据。中共中央、国务院颁发的《中国教育改革和发展纲要》，总结了新中国成立以来教育改革和发展的经验，为新时期教育的改革和发展绘制了宏伟的蓝图，是指导我国20世纪90年代乃至21世纪初期教育改革和发展的纲领性文件。它确定的教育改革和发展的主要原则、目标、战略、方针、政策措施，是制定《教育法》的政策基础。

第三，教育改革和发展的实践为《教育法》的制定打下了良好的实践基础。改革开放以来，我国的教育事业有了很大的发展，教育改革不断深入，积累了丰富的经验。同时，在教育改革和发展的进程中，也存在着许多问题和困难。《教育法》正是通过立法，对取得的成果和经验加以确认和保护，通过推行法制解决问题和困难。我国的《教育法》在教育改革和发展的土壤中产生，教育改革和发展的实践为《教育法》提供了扎实的基础。

第44讲

《教育法》的立法特点和作用有哪些？

（1）立法特点

第一，全面性和针对性相结合。《教育法》作为教育的基本法，要为其他法律、法规提供依据，这就要求《教育法》的内容要尽可能全面。我国的《教育法》对应当纳入法律调整范围的重要事项，如教育的性质、地位、方针、基本原则等，做了全面的规定，充分体现了教育基本法全面性的特点。《教育法》在全面规范和调整各类教育关系的同时，又抓住了现阶段教育改革和发展中的突出问题，对其做了有针对性的规定，如德育工作、不得以营利为目的举办学校及其他教育机构、教育经费单独列项等。全面性和针对性相结合，既体现了基本法的要求，也体现了《教育法》的针对性。

第二，规范性和导向性相结合。《教育法》把四十多年来，特别是改革开放以来，我国教育改革和发展的成熟经验，通过法律规范形式固定下来，如教育管理体制中的分级管理、分工负责，学校法人地位及自主权，以财政拨款为主的多渠道筹措教育经费等，巩固了教育改革和发展的成果。同时《教育法》也把符合改革和发展方向，但还有待于进一步实践和探索的问题，如终身教育体系的建立和完善、运用金融和信贷手段支持教育事业的发展等，做出了导向性的规定，通过法律手段来保障和推进教育的改革和发展。

第三，原则性和可操作性相结合。《教育法》作为教育的根本大法，只能对关系到我国教育改革与发展全局的重大问题，如教育的性质、方针、教育活动的原则等做出原则性的规定，而不可能对具体问题做出规定。此外，《教育法》在突出原则性的同时，又注意到实施上的可操作性，特别是法律责任部分，明确了违反《教育法》的法律责任、处罚形式、执法机关，等等，加强了《教育法》的可操作性，以保证《教育法》的顺利实施。

（2）作用

第一，《教育法》对于落实优先发展教育的战略地位提供了法律保障。《教育法》以党的政策为依据，明确规定："教育是社会主义现代化建设的基础，国家保障教育事业优先发展。"第一次以法律形式确立了教育是立国之本的思想，这无疑对于落实教育优先发展的战略地位具有重要意义。教育优先发展战略地位的确立，将会使一系列法律措施，特别是教育投入措施得以落实，这就会极大地促进教育事业的发展。

第二，《教育法》为保证我国教育的社会主义方向提供了法律依据。《教育法》规定："国家坚持以马克思列宁主义、毛泽东思想和建设有中国特色社会主义理论为指导，遵循宪法确定的基本原则，发展社会主义的教育事业。"《教育法》所规定的教育方针指出，"教育必须为社会主义现代化建设服务，必须与生产劳动相结合，培养德、智、体等方面全面发展的社会主义事业的建设者和接班人"。《教育法》以法律的形式将我国教育的指导思想、教育方针确定下来，这就从根本上确立了我国教育的社会主义性质和教育事业发展的社会主义方向。

第三，《教育法》为维护教育主体的合法权益提供了法律保障。过去，无论是教育者还是受教育者，权利意识都很淡薄。在教育没有得到应有尊重的情况下，教育关系主体的权益往往受到损害。为了保护各类教育关系主体的合法权益，《教育法》对学校及其他教育机构的权利、教师和其他教育工作者的权利、受教育者的权利做了法律规定，并对侵犯教育关系主体合法权益的行为规定了法律责任，以法律手段保障教育关系主体的合法权益。

第四，《教育法》对巩固教育改革成果、促进教育改革深化提供了法律保障。《教育法》把改革开放以来的教育改革发展成果通过立法确定下来，同时也对符合教育改革发展方向，但还需要进一步探索的问题规定了导向性条款，为教育改革的进一步深化和健康发展提供了法律依据。

政策法规篇

第45讲

新修订的《义务教育法》有哪些重大突破？

我国于1986年颁布的《义务教育法》，为我国义务教育的改革和发展提供了强有力的法律保障。在这部法律的推动下，我国义务教育取得了举世瞩目的成就，2000年，我国在全国范围内如期实现了基本普及九年义务教育的目标，这是中国教育发展史上具有里程碑意义的重大事件。

经过20年《义务教育法》的实施，我国沉重的人口负担已经开始转变为人力资源的优势，为使我国实施义务教育的整体水平不断提升，在法律中体现出鲜明的时代特色、均衡发展的思想、素质教育的使命等，2006年6月29日，第十届全国人民代表大会常务委员会第二十二次会议修订该法，并于2006年9月1日起开始施行新《义务教育法》。

2006年，时任全国人大常委会委员、全国人大法律委员会委员、全国人大常委会副秘书长李连宁曾就新《义务教育法》谈了他的认识。他认为，与1986年的《义务教育法》相比，新《义务教育法》在九个方面有所突破。

第一，指明了义务教育均衡发展这个根本的方向。

20世纪，由于各地经济、文化水平的差异，使得义务教育阶段形成了地区之间、城乡之间乃至学校之间较大的发展差距。随着经济的发展，这种差距越拉越大。新《义务教育法》将义务教育的均衡发展纳入了法制的轨道，将均衡教育思想作为新《义务教育法》的根本指导思想。可以说，新《义务教育法》的里程碑意义，最重要的就体现在从过去的各自发展走上了均衡发展的道路。

第二，明确了义务教育承担实施素质教育的重大使命。

我们过去推进义务教育时，主要是解决孩子有书可读、有学可上的问题，还谈不上素质教育。新《义务教育法》站在新的历史起点，把义务教育纳入到实施素质教育的轨道上来，把实施素质教育作为义务教育的一项新的历史使命。新《义务教育法》同时把注重培养学生的独立思考能力、实践能力和创新能力作为促进学生全面发展的重点，并且提出了一系列实施素质教育的措施。

第三，新《义务教育法》回归了义务教育免费的本质。

普及教育、强制教育和免费教育是义务教育的本质特征，免费的步骤可以根据国情来分步实施，但必须坚持免费的特点。公益性是整个教育事业的特征，义务教育要更彻底一些，不仅仅是普及的、强制的，还应该是免费的。新《义务教育法》在免费教育上又迈出了一大步，在1986年不收学费的基础上增加了不收杂费的内容。

第四，进一步完善了义务教育的管理体制，强化了省级的统筹实施。

此次新《义务教育法》一个很大的突破，就是在"以县为主"管理体制的基础上，进一步加大了省级政府的统筹和责任，实践着从"人民教育人民办"到"义务教育政府办"的转变。原来看到乡镇一级难负其责，就将统筹责任放到县一级；现在县级基本上是吃财政饭，也无力承担，事业的发展必须要加大省级的责任。对教育的均衡发展、加大对农村教育经费保障的力度、加强对贫困地区的支持而言，省级的统筹非常重要，这也是新《义务教育法》的一大亮点。

第五，确立了义务教育经费保障机制。

再一次明确了义务教育经费的"三个增长"；建立农村义务教育经费的分担机制，分项目、按比例分担；义务教育经费预算单列；规范义务教育的专项转移支付；设立义务教育的专项资金。通过这样几个渠道，建立起义务教育比较完善的经费保障机制。

第六，保障接受义务教育的平等权利。

新《义务教育法》强调了流动人口子女接受义务教育的问题；确定了流动人口子女居住地人民政府要为他们提供平等接受义务教育的条件，这将会对城市化进程的平稳推进起到关键性作用。

第七，规范了义务教育的办学行为。

过去我们主要是从政策上对义务教育的办学行为进行规范，新《义务教育法》对规范义务教育办学行为出手是比较重的：一是不得将学校分为重点学校和非重点学校，学校不得分设重点班和非重点班。关键是要对学校在资源、政策上进行公平的分配，不得有政策、资金、资源的倾斜，这一条体现了全社会对教育公平的强烈愿望。二是不得以任何名义改变或变相改变公办学校的性质，也就是"名校不能变民校"。三是第二十五条规定："学校不得违反国家规定收取费用，不得以向学生推销或变相推销商品、服务等方式谋取利益。"

第八，建立了义务教育新的教师职务制度。

过去我们中小学的教师职务序列是中、小学分设，中学的初级、中级、高级与助教、讲师和副教授相对应，而小学则达不到。新《义务教育法》将义务教育阶段的教师职务序列打通，小学和中学的差别不复存在，初级、中级、高级都与助教、讲师和副教授相对应，小学教师也可以评副教授，对小学教师是很大的鼓励。实际上，过去设立的在小学任教的中学高级教师的职称是不规范的。这一新规定对调动广大教师的积极性，发挥聪明才智都是一个很大的激励。特别是让小学教师看到了自身发展提高的前景，对小学教师是个福音。这个全新的制度，在教师职务制度上有了新突破。当然还需要一些配套性的规定。

第九，增强了《义务教育法》执法的可操作性。

全面规定了《义务教育法》的法律责任，63条规定中有10条规定的是法律责任，将《义务教育法》的执法性、操作性提到一个空前的高度。而且规范了22种违反《义务教育法》的违法行为及应该承担的法律责任。过去的18条《义务教育法》虽然起到了很大的历史作用，但操作性比较差，新《义务教育法》则完全弥补了这种缺憾，大大增强了可操作性，加大了执法力度。

第46讲

《义务教育法》对学校和教师有哪些职业道德要求？

《义务教育法》在第三章、第四章和第五章对教师有明确的职业道德要求，具体条文如下。

第二十四条　学校应当建立、健全安全制度和应急机制，对学生进行安全教育，加强管理，及时消除隐患，预防发生事故。

县级以上地方人民政府定期对学校校舍安全进行检查；对需要维修、改造的，及时予以维修、改造。

学校不得聘用曾经因故意犯罪被依法剥夺政治权利或者其他不适合从事义务教育工作的人担任工作人员。

第二十五条　学校不得违反国家规定收取费用，不得以向学生推销或者变相推销商品、服务等方式谋取利益。

第二十七条　对违反学校管理制度的学生，学校应当予以批评教育，不得开除。

第二十八条　教师享有法律规定的权利，履行法律规定的义务，应当为人师表，忠诚于人民的教育事业。

全社会应当尊重教师。

第二十九条　教师在教育教学中应当平等对待学生，关注学生的个体差异，因材施教，促进学生的充分发展。

教师应当尊重学生的人格，不得歧视学生，不得对学生实施体罚、变相体罚或者其他侮辱人格尊严的行为，不得侵犯学生合法权益。

第三十四条　教育教学工作应当符合教育规律和学生身心发展特点，面向全体学生，教书育人，将德育、智育、体育、美育等有机统一在教育教学活动中，注重培养学生独立思考能力、创新能力和实践能力，促进学生全面发展。

第三十五条　国务院教育行政部门根据适龄儿童、少年身心发展的状况和实际情况，确定教学制度、教育教学内容和课程设置，改革考试制度，并改进高级中等学校招生办法，推进实施素质教育。

学校和教师按照确定的教育教学内容和课程设置开展教育教学活动，保证达到国家规定的基本质量要求。

国家鼓励学校和教师采用启发式教育等教育教学方法，提高教育教学质量。

第三十六条　学校应当把德育放在首位，寓德育于教育教学之中，开展与学生年龄相适应的社会实践活动，形成学校、家庭、社会相互配合的思想道德教育体系，促进学生养成良好的思想品德和行为习惯。

第47讲

《未成年人保护法》修订的背景和变化是什么？

未成年人是人类的希望，国家和民族的未来。对未成年人的合法权益予以特殊保护，做好他们的培养教育工作，是一项具有战略性的，需要全社会共同参与的系统工程。

《未成年人保护法》是1991年9月4日第七届全国人民代表大会常务委员会第二十一次会议通过，1991年9月4日，中华人民共和国主席令第50号公布，自1992年1月1日起施行的。第十届全国人民代表大会常务委员会第二十五次会议于2006年12月29日表决（154票赞成，2票弃权）通过了修订后的《未成年人保护法》，新法共七章72条，约8000字，自2007年6月1日起正式施行。

修订后的《未成年人保护法》从1991年《未成年人保护法》的56条增加到72条，其中，有25条是新增加的，另外47条中，2条有实质性修改，11条有文字性修改，未改的仅有4条。可以说，这是一次全面的修订。

（1）修订的背景

第一，时代对未成年人保护工作提出了新的更高的要求。

随着时代的发展，我国综合国力大大增强，人民群众生活水平显著提高，保护未成年人的社会环境和物质文化条件明显改善，我们应该也能够为未成年人提供更多更好的物质保障和精神食粮。同时，我国先后签署了《儿童权利公约》《儿童生存、保护和发展世界宣言》等国际法律文件，有必要把这些文件的基本精神和原则体现到国内法律中。

第二，未成年人保护领域出现了许多新情况、新问题，需要通过修改法律来解决。

一方面，城市流动儿童增多，农村留守儿童大量存在，要求法律给以关照；部分孩子沉迷网络不能自拔，要求法律做出回应；未成年人违法犯罪呈现低龄化趋势，已成为一个严重的社会问题，需要法律做出应对；与《未成年人保护法》相关的有些法律，如《刑法》《刑事诉讼法》《婚姻法》等已相继修改，需要对《未成年人保护法》做相应修改，等等。另一方面，通过十多年的执法实践，各地积累了不少保护未成年人的好经验、好做法，国家和地方也出台了一系列有关的法规和政策文件，有必要把其中行之有效而又具有普遍意义的经验和规定上升为法律，推而广之。

第三，社会各界要求修改未成年人保护法的呼声较高。

第十届全国人民代表大会第一次会议以来，每年的全国人大会议都有代表提出修改未成年人保护法的议案和建议，一些专家学者也通过不同形式表达了修改未成年人保护法的意见。2003年上半年，全国人民代表大会内务司法委员会在向常委会提出的有关报告中，建议将修改未成年人保护法列入本届立法规划。团中央正式向全国人大常委会报送了《关于建议修改未成年人保护法的报告》。同年8月，《全国人大常委会执法检查组关于检查〈中华人民共和国未成年人保护法〉实施情况的报告》中，再次提出了修改未成年人保护法的建议。

（2）修订的亮点

第一，明确规定未成年人的权利。

新修订的《未成年人保护法》第三条第一款规定："未成年人享有生存权、发展权、受保护权、参与权等权利。"生存权是指未成年人享有其固有的生命权、健康权和获得基本生活保障的权利；发展权是指充分发展其全部体能和智能的权利，包括未成年人有权接受正规和非正规的教育，有权享有促进其身心全面发展的生活条件；受保护权是指不受歧视、虐待和忽视的权利；参与权是指参与家庭和社会生活，并就影响他们生活的事项发表意见的权利。

第二，根据未成年人身心发展特点给予特殊、优先保护。

新修订的《未成年人保护法》在第三条第一款规定："国家根据未成年人身心发展特点给予特殊、优先保护，保障未成年人的合法权益不受侵犯。"强调"根据未成年人身心发展特点给予特殊、优先保护"，具有特别重要的意义，它是保护未成年人工作的一项总原则，是贯穿全法的一根红线，在"四大保护"（家庭保护、学校保护、社会保护、司法保护）中均有体现。

第三，着力解决未成年人沉迷网络问题。

互联网等新兴媒体的快速发展，给未成年人学习和娱乐开辟了新的渠道。为了既发挥网络对未成年人成长的积极作用，又尽可能避免网络对未成年人的消极影响，新修订的《未成年人保护法》针对未成年人沉迷网络问题提出了明确的法律保障。

第四，突出保障未成年人的受教育权。

受教育权是公民的基本权利。《宪法》规定："中华人民共和国公民有受教育的权利和义务。"基于受教育权对未成年人成长的特殊重要性，新修订的《未成年人保护法》第三条第二款规定："未成年人享有受教育权，国家、社会、学校和家庭尊重和保障未成年人的受教育权。"

第五，更加关注未成年人的成长环境、健康和安全。

新修订的《未成年人保护法》注重未成年人成长的家庭环境、社会环境、学校环境的建设，如在第十条规定："父母或者其他监护人应当创造良好、和睦的家庭环境，依法履行对未成年人的监护职责和抚养义务。"第十二条规定："父母或者其他监护人应当学习家庭教育知识，正确履行监护职责，抚养教育未成年人。"

第六，加强了对弱势未成年人群体的保护。

进一步明确了父母对留守儿童的保护责任。新修订的《未成年人保护法》第十六条规定："父母因外出务工或者其他原因不能履行对未成年人监护职责的，应当委托有监护能力的其他成年人代为监护。"

第七，首次为学生休息时间立法。

生命和健康最重要,这是未成年人保护的一个核心思想。新修订的《未成年人保护法》第二十条规定:"学校应当与未成年学生的父母或者其他监护人互相配合,保证未成年学生的睡眠、娱乐和体育锻炼时间,不得加重其学习负担。"

第八,突发事件优先救护未成年人。

近年来,校园事故频发,新的《未成年人保护法》第四十条规定:"学校、幼儿园、托儿所和公共场所发生突发事件时,应当优先救护未成年人。"这一规定借鉴了一些国际法律文件中规定的"儿童利益优先"和"儿童利益最大化"等基本原则。它明确了对未成年人给予特殊和优先保护的原则,这是我国法律中第一次明文规定在突发事件中优先救护未成年人。另外,特殊、优先保护原则贯穿在整个法律条文中,如在司法保护一章的第五十五条规定:"公安机关、人民检察院、人民法院办理未成年人犯罪案件和涉及未成年人权益保护案件,应当照顾未成年人身心发展特点,尊重他们的人格尊严,保障他们的合法权益,并根据需要设立专门机构或者指定专人办理。"

第九,强化了对未成年人的司法保护。

在现实生活中,常常会出现一些家庭困难的未成年人因为交不起诉讼费,请不起律师,而难以依法维护自己合法权益的现象。新修订的《未成年人保护法》第五十一条第二款规定:"在司法活动中对需要法律援助或者司法救助的未成年人,法律援助机构或者人民法院应当给予帮助,依法为其提供法律援助或者司法救助。"

第48讲

《未成年人保护法》（修订版）对学校和教师有哪些具体要求？

《未成年人保护法》（修订版）对学校和教师提出具体要求的条款如下。

第五条　保护未成年人的工作，应当遵循下列原则：

(1) 尊重未成年人的人格尊严。

(2) 适应未成年人身心发展的规律和特点。

(3) 教育与保护相结合。

第十七条　学校应当全面贯彻国家的教育方针，实施素质教育，提高教育质量，注重培养未成年学生独立思考能力、创新能力和实践能力，促进未成年学生全面发展。

第十八条　学校应当尊重未成年学生受教育的权利，关心、爱护学生，对品行有缺点、学习有困难的学生，应当耐心教育、帮助，不得歧视，不得违反法律和国家规定开除未成年学生。

第十九条　学校应当根据未成年学生身心发展的特点，对他们进行社会生活指导、心理健康辅导和青春期教育。

第二十条　学校应当与未成年学生的父母或者其他监护人互相配合，保证未成年学生的睡眠、娱乐和体育锻炼时间，不得加重其学习负担。

第二十一条　学校、幼儿园、托儿所的教职员工应当尊重未成年人的人格尊严，不得对未成年人实施体罚、变相体罚或者其他侮辱人格尊严的行为。

第二十二条　学校、幼儿园、托儿所应当建立安全制度，加强对未成年人的安全教育，采取措施保障未成年人的人身安全。

学校、幼儿园、托儿所不得在危及未成年人人身安全、健康的校舍和其他设施、场所中进行教育教学活动。

学校、幼儿园安排未成年人参加集会、文化娱乐、社会实践等集体活动，应当有利于未成年人的健康成长，防止发生人身安全事故。

第二十三条　教育行政等部门和学校、幼儿园、托儿所应当根据需要，制定应对各种灾害、传染性疾病、食物中毒、意外伤害等突发事件的预案，配备相应设施并进行必要的演练，增强未成年人的自我保护意识和能力。

第二十四条　学校对未成年学生在校内或者本校组织的校外活动中发生人身伤害事故的，应当及时救护，妥善处理，并及时向有关主管部门报告。

第二十五条　对于在学校接受教育的有严重不良行为的未成年学生，学校和父母或者其他监护人应当互相配合加以管教；无力管教或者管教无效的，可以按照有关规定将其送专门学校继续接受教育。

依法设置专门学校的地方人民政府应当保障专门学校的办学条件，教育行政部门应当加强对专门学校的管理和指导，有关部门应当给予协助和配合。

专门学校应当对在校就读的未成年学生进行思想教育、文化教育、纪律和法制教育、劳动技术教育和职业教育。

专门学校的教职员工应当关心、爱护、尊重学生，不得歧视、厌弃。

第二十六条　幼儿园应当做好保育、教育工作，促进幼儿在体质、智力、品德等方面和谐发展。

第49讲

《预防未成年人犯罪法》的立法目的和意义是什么？

《预防未成年人犯罪法》是1999年6月28日第九届全国人民代表大会常务委员会第十次会议通过的，自1999年11月1日起施行。《预防未成年人犯罪法》共有8章，57条。包括总则、预防未成年人犯罪的教育、对未成年人不良行为的预防、对未成年人严重不良行为的矫治、未成年人对犯罪的自我防范、对未成年人重新犯罪的预防、法律责任。第十一届全国人民代表大会常务委员会第二十九次会议于2012年10月26日通过了对《全国人民代表大会常务委员会关于修改〈中华人民共和国预防未成年人犯罪法〉的决定》，新修订的《预防未成年人犯罪法》自2013年1月1日起施行。

《预防未成年人犯罪法》同《未成年人保护法》关系密切，两者实质上都着眼于对未成年人的保护，两者是相互联系、相互补充的关系。《预防未成年人犯罪法》旨在预防未成年人犯罪。

《预防未成年人犯罪法》第一条："为了保障未成年人身心健康，培养未成年人良好品行，有效地预防未成年人犯罪，制定本法。"本条是关于《预防未成年人犯罪法》制定目的的规定。

（1）保障未成年人的身心健康

未成年人是一个特殊的社会群体，他们犹如正在成长的幼苗，其身心发育正处在由不成熟向成熟的过渡时期，他们的世界观、人生观、是非观、价值观等思想体系也正处在形成过程中。因此，非常需要家庭、学校、社会和国家给他们以特别的关心和爱护、特别的引导和帮助。对未成年人身心健康的保障，不仅事关未成年人个人幸福，也与国家的前途与未来息息相关，能否保障未成年人身心健康便成为一件举足轻重的大事，因而，《预防未成年人犯罪法》把保障未成年人的身心健康列为其首要的目的。

（2）培养未成年人良好的品行

良好的品行对于预防违法犯罪具有重要的作用。有位教育家说："学习不好是次品，身体不好是废品，品行不好是危险品。"人以品为重，一个人小时候受外部环境影响很大，小时候是否具备良好品行，关系到其一生的发展走向，因而在未成年时便习得良好品行，对每个人都是至关重要的，对其一生也将具有决定性影响，俗话说的"三岁看小，七岁看老"就是此意。同时，一个未成年人是否具有良好的品行也决定了其在社会上是属于有用人才还是属于害群之马。因而，促进未成年人在品德、智力、体质等方面全面发展，把他们培养成为有理想、有道德、有文化、有纪律的社会主义事业接班人直接关系到国家的兴衰，关系到社会主义事业是否后继有人。我们必须培养未成年人做社会主义"四有"人才，具备良好的品行，成为社会主义事业接班人，所以要把培养未成年人具有良好品行作为《预防未成年人犯罪法》的目的。

（3）有效地预防未成年人犯罪

这是《预防未成年人犯罪法》的直接目的。本法第二章规定的预防未成年人犯罪的教育、第三章规定的对未成年人不良行为的预防、第四章规定的对未成年人严重不良行为的矫治、第五章规定的未成年人对犯罪的自我防范，以及第七章对违反本法所要承担的法律责任的规定，所要达到的最直接的目的就是最终能够有效地预防未成年人犯罪。最终检验《预防未成年人犯罪法》在现实生活中是否发挥了应有的功能，起到了应有的作用，应看是否达到了直接目的，即是否有效地预防了未成年人犯罪。

以上三方面内容相辅相成、紧密联系、互为影响。如能有效地预防未成年人犯罪，这也将有利于保障未成年人身心健康，培养其良好品行。而保障未成年人身心健康，培养未成年人具有良好品行，反过来又能起到有效地预防未成年人犯罪的良好作用。这三方面既是我国《预防未成年人犯罪法》的立法目的，也是贯穿于整个预防未成年人犯罪立法的指导思想。对预防未成年人犯罪的教育、对未成年人不良行为的预防、对严重不良行为的矫治、未成年人对犯罪的自我防范、法律责任承担的规定都是根据这一目标而制定的，也是为了实现这一目标而服务的。

第50讲

根据《预防未成年人犯罪法》，教师和学校应做好哪些方面的工作？

根据《预防未成年人犯罪法》，教师和学校应做好以下工作。

第五条　预防未成年人犯罪，应当结合未成年人不同年龄的生理、心理特点，加强青春期教育、心理矫治和预防犯罪对策的研究。

第七条　教育行政部门、学校应当将预防犯罪的教育作为法制教育的内容纳入学校教育教学计划，结合常见多发的未成年人犯罪，对不同年龄的未成年人进行有针对性的预防犯罪教育。

第八条　司法行政部门、教育行政部门、共产主义青年团、少年先锋队应当结合实际，组织、举办展览会、报告会、演讲会等多种形式的预防未成年人犯罪的法制宣传活动。

学校应当结合实际，举办以预防未成年人犯罪的教育为主要内容的活动。教育行政部门应当将预防未成年人犯罪教育的工作效果作为考核学校工作的一项重要内容。

第九条　学校应当聘任从事法制教育的专职或者兼职教师。学校根据条件可以聘请校外法律辅导员。

第十四条　未成年人的父母或者其他监护人和学校应当教育未成年人不得有下列不良行为：

（1）旷课、夜不归宿。

（2）携带管制刀具。

（3）打架斗殴、辱骂他人。

（4）强行向他人索要财物。

（5）偷窃、故意毁坏财物。

（6）参与赌博或者变相赌博。

（7）观看、收听色情、淫秽的音像制品、读物等。

(8) 进入法律、法规规定未成年人不适宜进入的营业性歌舞厅等场所。

(9) 其他严重违背社会公德的不良行为。

第十五条　未成年人的父母或者其他监护人和学校应当教育未成年人不得吸烟、酗酒。任何经营场所不得向未成年人出售烟酒。

第十六条　中小学生旷课的，学校应当及时与其父母或者其他监护人取得联系。

未成年人擅自外出夜不归宿的，其父母或者其他监护人、其所在的寄宿制学校应当及时查找，或者向公安机关请求帮助。收留夜不归宿的未成年人的，应当征得其父母或者其他监护人的同意，或者在二十四小时内及时通知其父母或者其他监护人、所在学校或者及时向公安机关报告。

第二十三条　学校对有不良行为的未成年人应当加强教育、管理，不得歧视。

第二十四条　教育行政部门、学校应当举办各种形式的讲座、座谈、培训等活动，针对未成年人不同时期的生理、心理特点，介绍良好有效的教育方法，指导教师、未成年人的父母和其他监护人有效地防止、矫治未成年人的不良行为。

第二十五条　对于教唆、胁迫、引诱未成年人实施不良行为或者品行不良，影响恶劣，不适宜在学校工作的教职员工，教育行政部门、学校应当予以解聘或者辞退；构成犯罪的，依法追究刑事责任。

第三十六条　工读学校对就读的未成年人应当严格管理和教育。工读学校除按照义务教育法的要求，在课程设置上与普通学校相同外，应当加强法制教育的内容，针对未成年人严重不良行为产生的原因以及有严重不良行为的未成年人的心理特点，开展矫治工作。

家庭、学校应当关心、爱护在工读学校就读的未成年人，尊重他们的人格尊严，不得体罚、虐待和歧视。工读学校毕业的未成年人在升学、就业等方面，同普通学校毕业的学生享有同等的权利，任何单位和个人不得歧视。

第51讲

《教师法》的法律地位和立法宗旨是什么？

（1）法律地位

《教师法》从1986年开始起草，后经过八年酝酿、修改，于1993年10月31日经第八届全国人民代表大会常务委员会第四次会议通过，1994年1月1日起施行。

《教师法》是我国教育史上第一部关于教师的单行法律，它的制定和颁布体现了党和国家对人民教师的重视。有利于从根本上提高教师的社会地位，保障教师的合法权益，使教师成为社会上受人尊重的职业；有利于加强教师队伍的建设，造就一批高素质的教师队伍，促进社会主义教育事业的发展。

（2）立法宗旨

《教师法》以教师为立法对象，把国家尊师重教的方针上升为法律，体现了全国人民的共同愿望和意志。"总则"第一条对其立法宗旨做了明确规定："为了保障教师的合法权益，建设具有良好思想品德修养和业务素质的教师队伍，促进社会主义教育事业的发展，根据《宪法》，制定本法。"具体包括以下几个方面。

第一，保障教师的合法权益。

长期以来，尽管我们一直强调要尊重知识、尊重人才，但由于种种原因，这种尊重教师、尊重知识的社会风气始终没有形成，在一些地方仍存在着歧视和不尊重教师的现象，教师的地位和待遇偏低，影响了教师工作的积极性和教师队伍的稳定。因此，国家通过制定《教师法》，明确确认教师的基本权利，规定教师应享有的社会地位和物质待遇，规定政府、学校、各行各业及公民的职责，规定侵害教师合法权利的法律责任，对运用法律手段有效地保护教师的合法权益具有重要的现实针对性。

第二，提高教师队伍素质。

教师队伍素质决定着教育的质量高低。尽管我国教师的业务素质和思想政治素质有了较大的提高，但从总体上看，教师队伍的素质还不能完全适应教育事业发展的要求。因此，通过制定《教师法》，以法律的形式确定实行教师资格制度，对教师的任用、培养、培训、考核等做出规定，使提高教师队伍素质的工作有章可循、有法可依。严格按照法律规定的措施、标准，优化教师队伍，以尽快在我国建设一支具有良好思想品德修养和业务素质的教师队伍，适应教育事业发展的需要。

第三，促进我国社会主义教育事业的发展。

振兴民族的希望在教育，振兴教育的希望在教师。把教育放在优先发展的战略地位是我国实现社会主义现代化建设的根本大计。能否培养出适应社会主义现代化建设事业的接班人，关系到社会主义现代化建设事业的成败。新中国成立以来，我国的教育事业取得了长足的发展，但改革的步伐还落后于经济和社会发展的要求，在教育内容、方法、教育管理体制等各方面都存在着问题，发展我国教育事业还有大量的工作要做。教育能否振兴和健康地发展，关键在于建设一支具有良好思想品德和业务素质的教师队伍。因此，制定《教师法》，依法加强教师队伍的建设，以促进教育事业的发展。

《教师法》自 1994 年 1 月 1 日起实施以来，已经走过了二十多年的历程。其颁布与实施，对于保护教师的合法权益、改善教师的待遇起到了一定的作用，促进了我国教师队伍的建设。但随着我国教育的改革与发展，《教师法》的一些条款与教育现状不相适应的矛盾日益突出，目前教育界对《教师法》修订的呼声越来越高，期待也越来越高。

第52讲

《教师法》中规定的教师的权利有哪些？

《教师法》中规定的教师应当享有的基本权利具体包括以下几种。

(1) 教育教学权

主要表现：一方面，教师应当按照教学大纲、学校教学计划的要求自主确定教学的具体内容、进度及传授知识的具体方法，自主组织课堂教学；另一方面，教师可根据教育教学实际组织开展教育教学改革和实验，因材施教、因地制宜，不断提高教育教学质量。由此可见，教师在教育教学活动中的自主权比较充分，这是教育教学活动的特殊性决定的。当然，教师的自主权也是有限度的，不能以此绝对拒绝学校对教育教学活动的监督和控制。

(2) 学术研究权

主要内容包括以下几点：首先，教师在完成规定的教育教学任务的前提下，有权进行科学研究、技术开发、论文撰写、发表自己的观点等创造性活动；其次，教师有权参加有关的学术团体和学术交流活动。实践中，有些学校，特别是有些中小学校认为教师从事学术研究会影响日常教学活动，因而对其进行打压和限制，这种观点是很狭隘的。教师从事学术研究是否必须要与本专业、本学科一致的问题，法律并没有明确规定。根据"法不禁止即自由"的法理，教师从事学术研究活动的范围并不一定非得与本专业、本学科一致。有些学校人为限制教师科研范围，教语文的必须研究语文，教数学的必须研究数学，这种做法有悖于法律规定。

(3) 管理学生权

主要内容包括以下几点：首先，教师有权对学生因材施教，针对学生的特长、就业、升学等方面的发展给予指导；其次，教师有权对学生的品行和学业成绩给予及时、客观、公正的评价；再次，教师有权运用正确的指导思想和科学的管理方法使学生的个性和能力得到充分发展。在教育教学过程中，教师的指导和评定行为是两个相互联系、相互促进的手段。教师的指导行为是评定行为的前提，评定行为不是为评定而评定，其本身也是指导行为的一种方式。教师通过评定，使学生找出差距，激发其上进心。二者的落脚点和最终归宿是促进学生的品行、学业成绩等方面的发展。

（4）报酬、待遇、休假权

主要包括工资权、福利权、休息休假权。

① 工资权。教师从事教育教学活动，付出了劳动，就要得到报酬，这是市场经济的基本规律。教师工资包括基本工资、津贴、补贴和奖金，是教师个人和家庭生活的主要经济来源。任何机关不得以任何理由扣减或者拖欠教师工资。教师的工资水平应大体与国家公务员的工资水平相一致。

② 福利权。是指教师享有国家规定的各种福利以及出现生老病死、灾祸等特殊情况下给予的帮助和补偿，包括福利、保险及退休金等方面的权利。教师保险制度包括医疗保险、养老保险、失业保险等，以保障教师在退休、患病、工伤、生育、失业等情况下获得帮助和补偿。退休金方面的权利是指教师退休后，享受国家规定的退休金和其他待遇，国家为其生活和健康提供必要的服务和帮助。

③ 休息休假权。教师实行国家规定的工时制度，法定工作日以外加班的，应当补休，至于加班是否享受如《中华人民共和国劳动法》所规定的"双薪"或"三薪"，《教师法》没有规定。

（5）民主管理权

教师享有"对学校教育教学、管理工作和教育行政部门的工作提出意见和建议，通过教职工代表大会或者其他形式，参与学校的民主管理"的权利。

（6）进修培训权

主要内容包括以下两点：首先，教师有权参加进修和接受其他多种形式的培训，以提高自己的思想品德和业务素质，从而保障教育教学的质量；其次，教师有权参加达到法定学历标准和达到高一级学历水平的进修或以拓宽知识为主的继续教育培训等。

第53讲

《教师法》中规定的教师义务有哪些？

我国现行《教师法》规定教师应履行以下义务。

(1) 遵守《宪法》、法律和职业道德的义务

① 教师作为中华人民共和国的公民，必须遵守《宪法》、法律。教师不仅应是模范遵守《宪法》和法律的表率，而且要在教育教学工作中，自觉培养学生的法制观念、民主意识，使每个学生都成为遵纪守法的好公民。

② 教师作为人类灵魂的工程师，应当遵守职业道德。由于教师担负着培养下一代的任务，他们在传授科学文化知识的同时，对学生的思想品德、道德、法律意识等方面有着重要的影响。因此，教师的职业道德，不仅是教师自身行为的规范，也是法律赋予教师应尽的基本义务。

(2) 完成教育教学工作任务的义务

① 教师在教育教学活动中，应当全面贯彻国家关于教育必须为社会主义现代化建设服务，必须与生产劳动相结合，培养德、智、体等方面全面发展的社会主义事业的建设者和接班人的方针，对学生进行全面指导。特别是在基础教育阶段，要使受教育者在德、智、体等诸多方面都得到发展，而不能一味重视智育，追求分数，偏重书本知识，而把其他方面摆在可有可无的位置，这是与教育方针相违背的，应予以纠正。

② 教师应遵守教育行政部门和学校及其他教育机构制订的具体教学工作安排。

③ 教师应当履行聘任合同中约定的教育教学职责，完成职责范围内的教育教学任务。如果教师不按聘任合同完成教育教学任务而造成工作损失的，应依据《教师法》第三十七条规定，承担相应的法律责任。

（3）对学生进行思想品德教育的义务

① 教师应自觉地结合自己教育教学的业务特点，将思想政治、品德教育贯穿在教育教学工作全过程之中。

② 在对学生进行思想政治、品德教育时，要遵循《宪法》确定的四项基本原则。要引导学生逐步树立科学的人生观、世界观。教育学生爱祖国、爱人民、爱劳动、爱科学、爱社会主义，要使学生把坚持学习科学文化与加强思想修养相统一，坚持学习书本知识与投身社会实践相统一，坚持实现自身价值与服务相统一，坚持树立远大理想与进行艰苦奋斗相统一。把学生培养成具有社会公德、文明行为习惯的遵纪守法的好公民。

③ 教师应当有意识地对学生进行爱国主义教育、民族团结教育、法制教育，弘扬中华民族精神。

（4）关心、爱护学生，促进学生全面发展的义务

"关心、爱护全体学生，尊重学生人格，促进学生在品德、智力、体质等方面全面发展。"我国《宪法》第三十八条规定："中华人民共和国公民的人格尊严不受侵犯。禁止用任何方法对公民进行侮辱、诽谤和诬告陷害。"我国《民法通则》第一百〇一条也做了相应的规定，即"公民、法人享有名誉权，公民的人格尊严受法律保护，禁止用侮辱、诽谤等方式损害公民、法人的名誉"。《未成年人保护法》第二十一条也给予了规定："学校、幼儿园、托儿所的教职员工应当尊重未成年人的人格尊严，不得对未成年人实施体罚、变相体罚或者其他侮辱人格尊严的行为。"学生作为权利人，虽然在教育教学活动中居于受教育者地位，但同样享有人格尊严。现实中，由于忽视了未成年人的人格尊严，学生的这一权利容易受到侵犯。尤其是对有缺点、犯了错误的学生，教师更应给予特别关怀，使他们也能健康成长，决不能采取简单粗暴的办法，不能侮辱、歧视他们，不能泄露学生隐私，更不能体罚和变相体罚学生。现实中，体罚学生的事件时有发生，包括罚打扫全校卫生、罚超长时间跑步、罚站、罚大量抄写作业，甚至有用某些教学工具打学生的。因侮辱

学生影响恶劣或体罚学生经教育不改的，泄露学生隐私，造成严重后果的，应承担相应的法律责任。

(5) 保护学生合法权益，促进学生健康成长的义务

"制止有害于学生的行为或者其他侵犯学生合法权益的行为，批评和抵制有害于学生健康成长的现象。"首先，教师有义务对在教育教学范围内侵害学生权益的事件进行制止，维护学生的合法权益不受侵犯。其次，教师有义务对有害于学生健康成长的社会环境和社会现象进行批评和抵制，保护学生的身心健康。

(6) 不断提高思想政治觉悟和教育教学业务水平的义务

教育教学工作是一项较强的专业性工作，担负着提高民族素质的使命，这就要求教师不断学习，加强自身的思想道德修养，使其保持较高的思想政治觉悟和教育教学专业水平，以适应教育教学工作需要。

第54讲

《教师法》中规定在哪些情形下可对教师进行行政处分或解聘？

《教师法》第三十七条规定：教师有下列情形之一的，由所在学校、其他教育机构或者教育行政部门给予行政处分或者解聘。

（1）故意不完成教育教学任务给教育教学工作造成损失的。

（2）体罚学生，经教育不改的。

（3）品行不良、侮辱学生，影响恶劣的。

教师有前款第（2）项、第（3）项所列情形之一，情节严重，构成犯罪的，依法追究刑事责任。

第55讲

台湾省有关教师的规定中规定在什么情况下可以对教师进行解聘、停聘或不续聘？

有关规定如下：教师聘任后除有下列各款之一者外，不得解聘、停聘或不续聘。

（1）受有期徒刑一年以上判决确定，未获宣告缓刑者。

（2）曾服公务，因贪污渎职经判刑确定或通缉有案尚未结案者。

（3）依法停止任用，或受休职处分尚未期满，或因案停止职务，其原因尚未消灭者。

（4）褫夺公权尚未复权者。

（5）受禁治产之宣告，尚未撤销者。

（6）行为不检有损师道，经有关机关查证属实者。

（7）经合格医师证明有精神病者。

（8）教学不力或不能胜任工作，有具体事实或违反聘约情节重大者。

有前项第（6）款、第（8）款情形者，应经教师评审委员会委员三分之二以上出席及出席委员半数以上之决议。

有第（1）款至第（7）款情形者，不得聘任为教师。其已聘任者，除有第（7）款情形者依规定办理退休或资遣外，应报请主管教育行政机关核准后，予以解聘、停聘或不续聘。

第56讲

禁止体罚在我国的哪些法律中有明文规定？

我国的教育法律明确规定禁止体罚和变相体罚的相关条款主要有：

《义务教育法》中第二十九条规定：教师在教育教学中应当平等对待学生，关注学生的个体差异，因材施教，促进学生的充分发展。教师应当尊重学生的人格，不得歧视学生，不得对学生实施体罚、变相体罚或者其他侮辱人格尊严的行为，不得侵犯学生合法权益。

《未成年人保护法》第二十一条规定：学校、幼儿园、托儿所的教职员工应当尊重未成年人的人格尊严，不得对未成年人实施体罚、变相体罚或者其他侮辱人格尊严的行为。

《预防未成年人犯罪法》第三十六条规定：工读学校对就读的未成年人应当严格管理和教育。工读学校除按照义务教育法的要求，在课程设置上与普通学校相同外，应当加强法制教育的内容，针对未成年人严重不良行为产生的原因以及有严重不良行为的未成年人的心理特点，开展矫治工作。

家庭、学校应当关心、爱护在工读学校就读的未成年人，尊重他们的人格尊严，不得体罚、虐待和歧视。工读学校毕业的未成年人在升学、就业等方面，同普通学校毕业的学生享有同等的权利，任何单位和个人不得歧视。

第57讲

英、法、美等国家对体罚的法律规定是什么？

体罚是各国学校教育中一个富有争议的话题。一方面，教育体罚会以外显或者内隐的方式伤害学生。加拿大学者曾就体罚对孩子将来身心健康产生的影响做了全球最大规模的调查，发现：被体罚的儿童成年后吸毒和酗酒的可能性是正常儿童的两倍，而且患上焦虑症、反社会行为倾向和抑郁的几率大大增加；在偶尔被打的受访者中，有21％患上焦虑症、70％患上抑郁症、13％酗酒、17％吸毒。另一方面，为规制学生不良行为，体罚仍然是管理纪律的最常见形式。鉴于体罚的影响之大、深，它一直是各国教育热点问题之一，备受立法机构和社会各界的争议与关注。

在英国，政府和公众对待教育体罚的态度有一个变化的过程。英国政府于1987年、1988年对公、私立学校下了体罚禁令，但许多家长认为禁止体罚就无法纠正学生的不良行为。2006年，英国出台一项新法律《2006教育和检查法》，规定教师有权通过身体接触管束不守规矩的学生。这是英国历史上第一次在法律上赋予教师"体罚"学生的权利。

法国历来对体罚持许可态度，包括很多家长在内的社会各界认为教师打耳光和打屁股是具有"教育意义的"。但在2008年6月25日，一位中学教师因在课堂上对违纪学生打耳光，被地方法庭以"向未成年人施暴"为由判罚800欧元，这一判决激发了法国各界对学校体罚问题的巨大反响。一些法律专家表示，为了一记耳光把教师告上法庭的案件非常罕见。教师工会的2.6万人联名请愿支持教师，法国总理弗朗索瓦·菲永也认为：打学生耳光肯定不是解决问题的好办法，但教师需要最起码的尊重来维持课堂的正常秩序。最终教师因得到学生家长和教育部长的声援而被免除处罚。这次事件显示出在日益复杂的教育环境中，法国各界对于禁止体罚的谨慎态度。

美国的各个州、学区和学校对待体罚的态度非常不一致。以佐治亚州为例，该州法律允许体罚且由各县决定地方的体罚政策。2008年7月，沃克县恢复使用体罚，这一决定引起激烈的辩论。支持者认为"体罚应当是适当的和有教育意义的，这样将有可能阻止不良行为"；而反对者认为体罚"创建了一个暴力和有辱人格的学校环境"。大部分学校管理人员迫于家长和责任问题的压力，也认为有比体罚更有效的办法。因此，尽管佐治亚法律允许体罚，但是，这种做法并不普遍，许多学区还没有制定相应政策。

第58讲

在一些允许体罚的国家，有没有对体罚实施情形、手段、程序做出明确规定？

一些国家的法律许可体罚，但对实施情形、手段、程序都做出明确规定，并且充分尊重学生父母的意见。

学生出现违纪行为时，接受一定的惩罚，有助于纠正不良行为和培养学生的责任感。为使这一权利合法化，一些国家和地区，如英国、韩国、美国的部分州都在立法上认可学校和教师的体罚权，但是，对体罚的情形、类型、实施程序和手段都有明确具体的、操作性极强的规定。韩国教育人力资源部于2002年6月26日公布了一项名为"学校生活规定预示案"的方案，规定对违反学校纪律的学生，教师可在规定范围内对其进行一定程度的体罚。这成为韩国2002年教育改革的三大热点之一。预示案对体罚原因、场所和程序做出明确规定。学生受到体罚的情形包括：不听教师的反复训诫和指导、无端孤立同学、学习态度不端正、超过学校规定的罚分等；实施体罚的场所要避开其他学生，在有校监和生活指导教师在场的情况下进行。实施体罚之前要向学生讲清理由，并对学生的身体、精神状态进行检查，必要时可延期进行体罚。另外，方案对实施体罚所用的工具也做了具体的规定：对小学、初中生，用直径1厘米、长度不超过50厘米的木棍；对高中生，木棍直径可在1.5厘米左右、长度不超过60厘米。并且同时规定，教师绝对不能用手或脚直接对学生进行体罚。关于体罚的部位，此方案规定，男生只能打臀部，女生只能打大腿部；实施体罚时，初高中学生不超过10下，小学生不超过5下，程度以不在学生身体上留下伤痕为准，受罚学生有权提出以其他方式，如校内义务劳动来代替体罚。

美国联邦最高法院认为各州可自行决定是否禁止或限制体罚。在美国，体罚历来被广泛接受，目前有23个州的法律允许体罚。这些允许体罚的州或者学区，都对体罚做出详细的法律规定：（1）不许当着其他学生的面体罚某个学生，体罚时必须有证人在场。例如，密苏里州的圣亚瑟学区的体罚政策规定："体罚作为校正行为的方式是允许的。如果有必要，应该被使用，在场的教师最好是校长或者校长指派的人员。它不能在受罚学生的同学面前或没有一个成年人的证人情况下执行。"（2）必须在其他教育方法都用过并无效的情况下才可以用体罚。（3）与受罚学生刚刚发生过冲突的教师不能实施体罚。（4）实施体罚的教师必须考虑到孩子的性别、年龄以及身体状况。（5）有些地方规定，体罚时必须打孩子身体上肉比较多的部位，如臀部。（6）体罚行为受到严格的审查。如圣亚瑟学区规定：学校应该完整保留任何一起体罚案件报告，以接受行政和司法部门的审查。英国《2006教育和检查法》第一次赋予教师"体罚"学生的权利。新法律规定，教师有权通过身体接触管束学生。当其他学生或教师有可能遭遇伤害时，教师可以用"合理的力量"制止争斗，或让不守秩序的学生离开教室。新法律还把教师这一权利的适用范围从校内延伸至校外，比如，当学生乘坐公共交通或在购物中心时。

从上述规定可以看出，体罚作为一种制止学生违纪行为的有效手段，被许多国家的法律所认可。但是，为了在保护学生身心健康和纠正犯错行为之间取得平衡，法律都会对体罚做出详细的实施规定：（1）详细列举实施体罚手段的前提。条例中明确规定学生哪些不当行为要受到惩罚，这为教师的管理行为提供了指导。（2）规定严格的实施程序。实施之前要让学生明白被体罚的理由，实施时不许在其他学生面前，必须有证人在旁，与学生发生冲突的教师不许对学生执行体罚等。这就减少了执行者由于主观偏见而对学生造成伤害。（3）实施注意的细节。执行者必须对即将受罚的学生的性别、年龄以及身体状况进行仔细的检查，如果学生客观上不能受体罚，可以采取其他替代方式。（4）对体罚有严格的监督和审查。例如，要求学校每年提交体罚次数的报告（包括被体罚学生的年龄、性别以及受罚儿童是否有伤残）、体罚事件的详细的书面记录等。

在不同国家中，父母对待孩子在学校的违纪行为是否要受到体罚持不同态度。例如，英国大部分家长认为，禁止体罚就无法纠正和教育学生的不良行为，因此强烈要求政府恢复体罚政策；法国许多家长也认为，打耳光和打屁股的体罚是具有教育意义的，所以声援因打学生耳光而受到制裁的教师。家长的意见和态度是教育体罚立法和学校实践中需要考虑的重要因素之一。在许多国家，学校和教师在实施体罚过程中都会充分尊重父母教育子女的权利和偏好。美国的密苏里州的法律许可体罚，2006－2007学年，高达5000名学生在学校被打屁股或受其他体罚。该州规定：学校体罚学生时必须尽一切努力通知家长，并完整地保留任何一起体罚案件报告。佐治亚州的沃克县2008年刚恢复体罚政策，家长必须签署一份允许体罚协议，才让他们的孩子被管理员实施体罚；该州大多数地区的校长都将体罚作为最后手段，鼓励教师寻找别的管理方式，而不是体罚为主，且体罚不得过度或严重不当。2008年6月，俄克拉荷马州阿德莫尔的一名男副校长体罚学生，造成擦伤和红肿。针对此事件，学校董事会成员达临罗素声称希望改变体罚政策，拉塞尔（家长）说："我不希望我的女儿被一个26岁的男子鞭打，我决不允许这样。执行体罚学生的负责人必须和学生的性别一样。"韩国法律允许体罚，但会尊重学生本人的意见，规定学生有权选择其他方式来代替体罚。

法律是一种文化现象，教育体罚立法受到历史、社会观念、文化、价值取向的制约。在一种文化背景中的学生的不端行为或者攻击性行为，在另一种文化背景中也可能被界定为是适当的、甚至是义务性的行为。因此，各国法律对于体罚的效果、体罚的恰当程度（例如，时间长短和打屁股）、体罚的情形（控制典型的不端行为和儿童性别）等方面的规定呈现出明显的文化差异。

第59讲

在美国和日本，如何区分体罚和惩戒？

一些国家的法律禁止体罚，但允许合理惩戒，且对二者做出详细区分。

日本《学校教育法》第十一条明文规定："校长和教员认为在教育上有必要时，可以按照监督机关的规定，对学生和儿童进行惩戒，但不得体罚。"为了区分惩罚和惩戒的界限，日本政府在公布有关体罚的注意事项中采用列举的方式规定了6项禁止的体罚实例。

（1）不让学生如厕，超过用餐时间后仍留学生在教室中，因为会造成肉体痛苦，属于体罚范围，违反学校教育法。

（2）不让迟到的学生进入教室，即使是短时间，在义务教育阶段也是不允许的。

（3）上课中，因学生偷懒或闹事，不可把学生赶出教室；在教室内罚站学生，只要不变成体罚学生范围，基于惩戒权观念可被容许。

（4）偷窃或破坏他人物品等，为了给予警告，在不致造成体罚范围内，放学后可将学生留校，但须通知家长。

（5）偷窃，放学后可以留下当事人和证人调查，但不得强迫学生写下自白书和供词。

（6）因迟到或怠惰等事，增加扫除的值日次数是被允许的，但不当差别待遇和过分逼迫不行。

在美国，有一些州的法律禁止体罚学生，即使在法律允许体罚的州里，也有一些学区和学校反对使用体罚手段，而是使用其他更积极的惩戒方式。2008年5月15日，美国爱荷华州教育委员会批准了审查学校的拘留、监禁和体罚手段的提议。这是该州自1991年以来的类似罚跪等管制行为首次接受审查。根据修改后的规则，合理期限的课前和课后拘留是允许的，但如果人身约束或拘留超过一个典型的课堂或60分钟，工作人员必须评估是否继续需要，并获得行政长官批准后才能延长，而且需要与家长或监护人签订书面文件。在哥伦比亚特区，政策规定对学生的惩戒只能打臀部，打耳光和恐吓都被禁止。在佐治亚州的沃克县，大多数校长的观点是"用更积极的办法，如拘留、教师会议、短期或者长期留学查看"。

从上述规定可以看出，日本教育法针对学生平时易出现的违纪行为进行了详细的规定，严格区分了对学生违纪行为的处理中体罚和惩戒的界限，学校和教师的6类行为因涉及体罚学生之嫌而被法律明确禁止。美国的部分州也禁止体罚，但允许一定形式的惩戒，而且对惩戒形式和执行程序做出明确规定。这些操作性极强的法律条款为教师实施合理的惩戒行为提供了依据，也较好地保护了学生人身权益。

第60讲

国外对体罚和惩戒的规定对我国的教育有哪些启示？

当前，我国教育立法和教育政策部门对待教育体罚的基本态度是"严禁体罚、允许适当惩戒"。从现行规定来看，我国对于禁止体罚的类型、原因、程序以及责任追究等方面的规定都比较模糊、不具有操作性。借鉴国外关于体罚的立法理念和技术，今后，我国的教育惩戒立法应从以下方面完善。

第一，从法律上认可教师享有一定的教育惩戒权，这是学校和教师处理学生不当行为时的一种方式。

第二，对教育惩戒做出详细具体的、具有操作性的实施规定。包括实施惩戒的前提（学生受惩戒的典型不当行为的类型）、惩戒的场所、惩戒的执行者、惩戒的具体方式和手段、惩戒的执行程序（惩戒前、中、后的程序）等。

第三，充分尊重父母的知情权和教育选择权，加强对学校的惩戒的审查和监督。惩戒最好在获得父母的同意下进行，要将惩戒的情况及时通知父母。学校要详细记录惩戒的实施情况并定期上报，接受教育行政部门的审查和监督。

第四，惩戒立法从"责任追究"转为"救济立法"模式。现行体罚立法强调追究教师或者其他教育主体的违法责任，缺乏救济学生受损权益的条款，未来立法要明确学生和家长对惩戒不服或者造成严重后果时可以寻求的行政、司法救济途径。

第61讲

《儿童权利公约》的基本精神是什么？

《儿童权利公约》于1989年11月20日获得联合国大会通过，是第一部有关保障儿童权利且具有法律约束力的国际性约定。

1992年3月2日，我国向联合国递交了中国的批准书，成为该公约的第110个批准国。1992年4月2日，《儿童权利公约》正式对我国生效。

《儿童权利公约》共有54项条款。根据《儿童权利公约》，凡18周岁以下者均为儿童，除非各国或地区法律有不同的定义。《儿童权利公约》通过确立卫生保健、教育以及法律、公民和社会服务等多方面的标准来保护儿童的上述权利，明确了国际社会在儿童工作领域的目标和努力方向。

联合国《儿童权利公约》所体现的核心精神主要有以下几项。

（1）无歧视原则

无歧视原则是指每一个儿童都平等地享有公约所规定的全部权利，儿童不应因其本人及其父母的种族、肤色、性别、语言、宗教、政治观点、民族、财产状况和身体状况等受到任何歧视，不管他们的社会文化背景、出生地位高低、贫富、男女、正常儿童或残障儿童，都应得到平等对待，不受歧视或忽视，他们所享有的权利也不应因其父母、监护人和家庭成员的身份、活动、信仰和观点而受到影响。公约第二条规定：①缔约国应尊重本公约所载列的权利，并确保其管辖范围内每一儿童均享受此种权利，不因儿童或其父母或法定监护人的种族、肤色、性别、语言、宗教、政治或其他见解、民族、族裔或社会出身、财产、伤残、出生或其他身份而有任何差别。②缔约国应采取一切适当措施确保儿童得到保护，不受基于儿童父母、法定监护人或家庭成员的身份、活动、所表达的观点或信仰而加诸的一切形式的歧视或惩罚。

（2）儿童利益最佳原则

儿童利益最佳原则是指涉及儿童的一切事物和行为，都应首先考虑以儿童的最大利益为出发点。公约中并没有指明儿童的最大利益是什么，但在实际工作中我们要随时关注儿童的利益，并将他们的利益放在工作的首位。公约第三条规定：①关于儿童的一切行动，不论是由公私社会福利机构、法院、行政当局或立法机构执行，均应以儿童的最大利益为一种首要考虑。②缔约国承担确保儿童享有其幸福所必需的保护和照料，考虑到其父母、法定监护人或任何对其负有法律责任的个人的权利和义务，并为此采取一切适当的立法和行政措施。③缔约国应确保负责照料或保护儿童的机构、服务部门及设施符合主管当局规定的标准，尤其是安全、卫生、工作人员数目和资格以及有效监督方面的标准。

（3）尊重儿童基本权利的原则

尊重儿童基本权利的原则是指所有儿童都享有生存和发展的权利，应最大限度地确保儿童的生存和发展。《儿童权利公约》共54条，实质性条款41条，其中被提到的儿童权利多达几十种，如姓名权、国籍权、受教育权、健康权、医疗保健权、受父母照料权、娱乐权、闲暇权、隐私权、表达权等。但其最基本的权利可以概括为四种。①生存权——每个儿童都有其固有的生命权和健康权。包括有权接受可达到的最高标准的医疗保健服务。②受保护权——不受危害自身发展影响的、被保护的权利。包括保护儿童免受歧视、剥削、酷刑、虐待或疏忽照料，以及对失去家庭的儿童和难民儿童的基本保证。③发展权——充分发展其全部体能和智能的权利。儿童有权接受正规和非正规的教育，以及儿童有权享有促进其身体、心理、精神、道德和社会发展的生活条件。④参与权——参与家庭、文化和社会生活的权利。儿童有参与社会生活的权利，有权对影响他们的一切事项发表自己的意见（表达权）。

（4）尊重儿童观点和意见的原则

尊重儿童观点和意见的原则是指任何事情涉及儿童，均应听取儿童的意见。公约第十二条规定：①缔约国应确保有主见能力的儿童有权对影响到其本人的一切事项自由发表自己的意见，对儿童的意见应按照其年龄和成熟程度给以适当看待。②为此目的，儿童特别应有机会在影响到儿童的任何司法和行政诉讼中，以符合国家法律的诉讼规则的方式，直接或通过代表或适当机构陈述意见。

《儿童权利公约》首次确立了对儿童人权的保护，强调儿童应得到不同于成年人的特别保护。在过去的20多年里，该公约一直在为保障儿童权利指引方向。如今已成为人类历史上最广为接受的人权条约。颁布20年以来，世界在许多方面取得了显著进展。

第62讲

《国家中长期教育改革和发展规划纲要（2010—2020年）》中对教师队伍建设的规划是什么？

(1) 概述

2010年7月8日，中共中央、国务院印发《国家中长期教育改革和发展规划纲要（2010—2020年）》（以下简称《纲要》），从我国现代化建设的总体战略出发，规划描绘了我国未来10年教育改革发展的宏伟蓝图，科学确定了到2020年我国教育改革发展的战略目标、工作方针、总体任务、改革思路和重大举措。这是进入21世纪以来我国第一个教育改革发展规划纲要，是指导我国教育改革发展的纲领性文件。这次《纲要》的研究制定，动员人力之多、覆盖范围之广、社会参与度之高，是我国历次规划制定所没有的。《纲要》在大力促进教育公平、推动教育全面协调发展、全面推进素质教育、深化教育体制改革、加强教师队伍建设等方面将起到举足轻重的引领作用。

(2) 《纲要》中关于教师队伍建设的内容

《纲要》第四部分保障措施中第十七章加强教师队伍建设有以下明确表述。

（五十一）建设高素质教师队伍。教育大计，教师为本。有好的教师，才有好的教育。提高教师地位，维护教师权益，改善教师待遇，使教师成为受人尊重的职业。严格教师资质，提升教师素质，努力造就一支师德高尚、业务精湛、结构合理、充满活力的高素质专业化教师队伍。

（五十二）加强师德建设。加强教师职业理想和职业道德教育，增强广大教师教书育人的责任感和使命感。教师要关爱学生，严谨笃学，淡泊名利，自尊自律，以人格魅力和学识魅力教育感染学生，做学生健康成长的指导者和引路人。将师德表现作为教师考核、聘任（聘用）和评价的首要内容。采取综合措施，建立长效机制，形成良好学术道德和学术风气，克服学术浮躁，查处学术不端行为。

（五十三）提高教师业务水平。完善培养培训体系，做好培养培训规划，优化队伍结构，提高教师专业水平和教学能力。通过研修培训、学术交流、项目资助等方式，培养教育教学骨干、"双师型"教师、学术带头人和校长，造就一批教学名师和学科领军人才。

以农村教师为重点，提高中小学教师队伍整体素质。创新农村教师补充机制，完善制度政策，吸引更多优秀人才从教。积极推进师范生免费教育，实施农村义务教育学校教师特设岗位计划，完善代偿机制，鼓励高校毕业生到艰苦边远地区当教师。完善教师培训制度，将教师培训经费列入政府预算，对教师实行每五年一周期的全员培训。加大民族地区双语教师培养培训力度。加强校长培训，重视辅导员和班主任培训。加强教师教育，构建以师范院校为主体、综合大学参与、开放灵活的教师教育体系。深化教师教育改革，创新培养模式，增强实习实践环节，强化师德修养和教学能力训练，提高教师培养质量。

以"双师型"教师为重点，加强职业院校教师队伍建设。加大职业院校教师培养培训力度。依托相关高等学校和大中型企业，共建"双师型"教师培养培训基地。完善教师定期到企业实践制度。完善相关人事制度，聘任（聘用）具有实践经验的专业技术人员和高技能人才担任专兼职教师，提高持有专业技术资格证书和职业资格证书教师比例。

以中青年教师和创新团队为重点，建设高素质的高校教师队伍。大力提高高校教师教学水平、科研创新和社会服务能力。促进跨学科、跨单位合作，形成高水平教学和科研创新团队。创新人事管理和薪酬分配方式，引导教师潜心教学科研，鼓励中青年优秀教师脱颖而出。实施海外高层次人才引进计划、"长江学者奖励计划"和"国家杰出青年科学基金"等人才项目，为高校具有国际影响的学科领军人才。

第63讲

《教育部关于加强学术道德建设的若干意见》的核心精神是什么？

在社会变革的大背景下，教育也向纵深方向发展，当今教育呼唤研究型教师，而做一个研究型教师，首先要有良好的学术道德。《教育部关于加强学术道德建设的若干意见》中谈到了教师学术道德建设的紧迫性：当前在学术研究工作中存在着不容忽视、某些方面还比较严重的学术风气不正、学术道德失范的问题，主要表现为研究工作中少数人违背基本学术道德，侵占他人劳动成果，或抄袭剽窃，或请他人代写文章，或署名不实；粗制滥造论文，个别人甚至篡改、伪造研究数据；受不良风气的影响，在研究成果鉴定、项目评审以及学校评估、学位授权审核等工作中也出现了一些弄虚作假，或试图以不正当手段影响评审结果的现象；有的人还利用权力为自己谋取学位、文凭，有些学校在利益驱动下降低标准乱发文凭。这些行为和现象严重损害了教育工作者和学校的形象，给教育事业带来了不良影响。如果听任其发展下去，将会严重污染学术环境，影响学术声誉，阻碍学术进步，进而影响社会发展和民族创新能力，应当引起我们的高度重视。

该文件中对教师的学术道德提出以下几点基本要求。

第一，坚持实事求是的科学精神和严谨的治学态度。要忠于真理、探求真知，自觉维护学术尊严和学者的声誉。要模范遵守学术研究的基本规范，以知识创新和技术创新作为科学研究的直接目标和动力，把学术价值和创新性作为衡量学术水平的标准。在学术研究工作中要坚持严肃认真、严谨细致、一丝不苟的科学态度，不得虚报教育教学和科研成果，反对投机取巧、粗制滥造、盲目追求数量不顾质量的浮躁作风和行为。

第二，树立法制观念，保护知识产权、尊重他人劳动和权益。要严以律己，依照学术规范，按照有关规定引用和应用他人的研究成果，不得剽窃、抄袭他人成果，不得在未参与工作的研究成果中署名，反对以任何不正当手段谋取利益的行为。

第三，认真履行职责，维护学术评价的客观公正。认真负责地参与学术评价，正确运用学术权力，公正地发表评审意见是评审专家的职责。在参与各种推荐、评审、鉴定、答辩和评奖等活动中，要坚持客观公正的评价标准，坚持按章办事，不徇私情，自觉抵制不良社会风气的影响和干扰。

第四，为人师表、言传身教，加强对青年学生进行学术道德教育。要向青年学生积极倡导求真务实的学术作风，传播科学方法。要以德修身、率先垂范，用自己高尚的品德和人格力量教育和感染学生，引导学生树立良好的学术道德，帮助学生养成恪守学术规范的习惯。

第64讲

《教育部关于建立健全中小学师德建设长效机制的意见》中对教师的师德以及师德建设有哪些规定？

第一，创新师德教育，引导教师树立远大职业理想。将师德教育纳入教师教育课程体系。师范生培养必须开设师德教育课程，新任教师岗前培训开设师德教育专题，在职教师培训把师德教育作为重要内容，记入培训学分。重视法制教育、心理健康教育和民族团结教育。创新师德教育内容、模式和方法，突出针对性和实效性。采取实践反思，师德典型案例评析，情景教学等丰富师德教育形式，把教书育人楷模、一线优秀教师等请进课堂，用优秀教师的感人事迹诠释师德内涵。结合教育教学、社会实践活动开展师德教育，切实增强师德教育效果。

第二，加强师德宣传，营造尊师重教社会氛围。将师德宣传作为教育行政部门和学校重点工作。坚持正确舆论导向，大力宣传教师的地位和作用，让全社会广泛了解教师工作的重要性和特殊性。大力树立和宣传优秀教师先进典型，通过组织举办形式多样、务实有效的活动，深入宣传优秀教师先进事迹，充分展现当代教师的精神风貌，弘扬高尚师德，弘扬主旋律，增强正能量。针对师德建设中出现的热点、难点问题，要及时应对并加以引导。充分利用教师节等重大节庆日、纪念日的契机，联合电视、广播、报纸、网络等多种媒体集中宣传优秀教师先进事迹，努力营造尊师重教的浓厚社会氛围。

第三，严格师德考核，促进教师自觉加强师德修养。将师德考核作为教师考核的核心内容，摆在首要位置。各级教育行政部门要制定师德考核办法，学校制定具体的实施细则。师德考核应充分尊重教师主体地位，符合教师职业性质，促进教师专业发展；坚持公平、公正、公开原则；采取教师个人自评、家长和学生参与测评、考核工作小组综合评定等多种方式进行。考核结果一般分为优秀、合格、基本合格、不合格四个等次。考核结果公示后存入师德考核档案并报学校主管部门备案。师德考核不合格者年度考核应评定为不合格，并在教师资格定期注册、职务（职称）评审、岗位聘用、评优奖励和特级教师评选等环节实行一票否决。

第四，突出师德激励，促进形成重德养德良好风气。将师德表彰奖励纳入教师和教育工作者奖励范围。完善师德表彰奖励制度。把师德表现作为评选教书育人楷模，模范教师、教育系统先进工作者，优秀教师、优秀教育工作者，中小学优秀班主任、中小学德育先进工作者等表彰奖励的必要条件。在同等条件下，师德表现突出的，优先评选特级教师和晋升教师职务（职称）、选培学科带头人和骨干教师。

第五，强化师德监督，有效防止失德行为。教育行政部门和学校要建立健全师德年度评议制度，师德问题报告制度，师德状况定期调查分析制度和师德舆情快速反应制度，及时研究加强和改进师德建设的政策和措施。构建学校、教师、学生、家长和社会广泛参与的师德监督体系。教育行政部门和学校要建立行之有效的多种形式的师德投诉、举报平台，及时获取掌握师德信息动态，及时发现并纠正不良倾向和问题，将违反师德行为消除在萌芽状态。要将师德建设纳入教育督导评估体系。

第六，规范师德惩处，坚决遏制失德行为蔓延。建立健全违反师德行为的惩处制度。依据有关法律法规和《中小学教师职业道德规范》，教育部研究制定《中小学教师违反职业道德行为处理办法》，明确教师不可触犯的师德禁行性行为，并提出相应处理办法。对危害严重、影响恶劣者，要坚决清除出教师队伍。建立问责制度。对教师严重违反师德行为监管不力、拒不处分、拖延处分或推诿隐瞒，造成不良影响或严重后果的，要追究学校或教育主管部门主要负责人的责任。对涉及违法犯罪的要及时移交司法部门。

第七，注重师德保障，将师德建设工作落到实处。建立师德建设领导责任制度。地方各级教育行政部门负责对师德建设工作的指导和监管，主要负责人是师德建设工作第一责任人,有关职责要落实到具体的职能机构和人员。各地要结合实际,制订本地师德建设规划和实施方案。充分发挥教育工会等教师行业组织在师德建设中的积极作用。中小学校要把师德建设摆在教师工作首位,贯穿于管理工作全过程。中小学校长要亲自抓师德建设。学校基层党组织、广大党员教师要充分发挥政治核心和先锋模范作用。学校教代会和群团组织紧密配合,形成加强和推进师德建设合力。

第65讲

《教育部关于进一步加强和改进师德建设的意见》中谈到加强和改进师德建设的主要任务有哪些?

2005年1月13日,教育部印发了《教育部关于进一步加强和改进师德建设的意见》,指出了师德建设的意义及加强和改进师德建设的总体要求,提出了加强和改进师德建设的主要任务以及加强和改进师德建设的主要措施。其中关于加强和改进师德建设的主要任务有以下几点。

第一,提高教师的思想政治素质。广大教师要认真学习马克思列宁主义、毛泽东思想、邓小平理论和"三个代表"重要思想,牢固树立正确的世界观、人生观和价值观,自觉抵制各种错误思潮和腐朽思想文化的影响;牢固确立在中国共产党领导下走中国特色社会主义道路、实现中华民族伟大复兴的共同理想和坚定信念;拥护中国共产党领导,拥护社会主义,热爱祖国,热爱人民;坚持正确的政治方向,拥护党和国家的路线、方针、政策,在大是大非问题上,立场坚定,旗帜鲜明。要积极参加社会实践,接触实际,了解国情。要认真学习宪法和有关法律法规,坚持学术研究无禁区、课堂讲授有纪律,严格教育教学纪律。要高度重视学生的思想道德建设和思想政治教育,以良好的思想政治素质影响和引领学生。

第二,树立正确的教师职业理想。广大教师要有强烈的职业光荣感、历史使命感和社会责任感,以培育优秀人才、发展先进文化和推进社会进步为己任,站在时代的前列,努力成为为人民服务的践履笃行的典范。要志存高远,爱岗敬业,忠于职守,乐于奉献,自觉地履行教书育人的神圣职责,以高尚的情操引导学生全面发展。要正确处理个人与社会的关系,反对拜金主义、享乐主义和极端个人主义，把本职工作、个人理想与祖国的繁荣富强紧密联系在一起。

第三，提高教师的职业道德水平。广大教师要坚持社会主义教育方向，全面贯彻党的教育方针，遵守法律法规；树立先进教育理念，自觉遵循教育规律，积极推进教育创新，全面实施素质教育，不断提高教育质量；牢固树立育人为本、德育为先的思想，全面关心学生成长，热爱学生，尊重学生，公平公正对待学生，严格要求学生，因材施教，循循善诱，形成相互激励、教学相长的师生关系，促进学生全面发展；自觉加强师德修养，模范遵守职业道德规范，以身作则，言传身教，为人师表，以自己良好的思想和道德风范去影响和培养学生；大力提倡求真务实、勇于创新、严谨自律的治学态度和学术精神，团结合作、协力攻关、共同进步的团队精神，努力发扬优良的学术风气。坚持科学精神，模范遵守学术道德规范，潜心钻研，实事求是，严谨笃学，成为热爱学习、终身学习和锐意创新的楷模。

第四，着力解决师德建设中的突出问题。要坚决反对教师讥讽、歧视、侮辱学生，体罚和变相体罚学生的行为；坚决反对向学生推销教辅资料及其他商品，索要或接受学生、家长财物等以教谋私的行为；坚决反对在科研工作中弄虚作假、抄袭剽窃等违背学术规范，侵占他人劳动成果的不端行为；坚决反对在招生、考试等工作中的不正之风和违纪违法行为；严厉惩处败坏教师声誉的失德行为。

第五，积极推进师德建设工作改进创新。适应新形势新任务的要求，师德建设工作必须积极推进观念创新、制度创新。要努力探索新形势下师德建设的特点和规律，在内容、形式、方法、手段、机制等方面不断改进和创新，特别要在增强时代感、加强针对性、实效性上下功夫，讲究实际效果，克服形式主义，使师德建设更加贴近实际、贴近教师，把师德规范的主要内容具体化、规范化，使之成为全体教师普遍认同的行为准则，并自觉按照师德规范要求履行教师职责。

第66讲

《教育部关于进一步加强和改进师德建设的意见》中谈到加强和改进师德建设的主要措施有哪些？

第一，强化师德教育。多渠道、分层次地开展各种形式的师德教育。在加强和改进教师思想政治教育、职业理想教育、职业道德教育的同时，重视法制教育和心理健康教育。加强学风和学术规范教育。建立和完善各级各类学校德育工作者培训制度。对学校班主任、辅导员等德育工作者进行师德教育专题培训。建立和完善新教师岗前师德教育制度。各级各类师范院校和举办教师教育的综合大学，都要适应新的要求，将教师职业道德教育列为教师培养和职后培训的重要环节。要把师德教育作为新一轮中小学教师全员培训的首要任务和重点内容。

第二，加强师德宣传。每年教师节组织师德主题教育活动，以庆祝教师节和表彰优秀教师为契机，集中开展师德宣传教育活动；在三年一次全国性的教师和教育工作者表彰奖励中，表彰师德标兵、优秀班主任、辅导员、德育工作者和德育工作先进集体；组织师德典型重点宣传和优秀教师报告团活动，大力褒奖人民教师的高尚师德，广泛宣传模范教师先进事迹，展现当代教师的精神风貌，进一步倡导尊师重教的良好社会风尚；举办师德论坛，促进师德建设的理论创新、制度创新和管理创新，推动师德建设工作实现科学化、制度化。

第三，严格考核管理。进一步完善教师资格认定和新教师聘用制度，把思想政治素质、思想道德品质作为必备条件和重要考察内容；建立师德考评制度，将师德表现作为教师年度考核、职务聘任、派出进修和评优奖励等的重要依据。对师德表现不佳的教师要及时劝诫，经劝诫仍不改正的，要进行严肃处理。对有严重失德行为、影响恶劣者一律撤销教师资格并予以解聘。建立师德问题报告制度和舆论监督的有效机制。将师德建设作为学校办学质量和水平评估的重要指标。

第四，加强制度建设。修订《中小学教师职业道德规范》，制定《高等学校教师职业道德规范》。建立师德建设工作评估制度，构建科学有效的师德建设工作监督评估体系。抓紧研究制定科学合理的教师评价方法和指标体系，完善相关政策，体现正确导向，为师德建设提供制度保障。各级教育行政部门和学校要因地因校制宜，制定可操作的实施办法，完善师德建设规章制度，建立师德建设长效机制。

第67讲

教育部印发的《中小学教师违反职业道德行为处理办法》中规定教师的哪些行为是违反师德的行为?

（1）在教育教学活动中有违背党和国家方针政策言行的。

（2）在教育教学活动中遇突发事件时，不履行保护学生人身安全职责的。

（3）在教育教学活动和学生管理、评价中不公平公正对待学生，产生明显负面影响的。

（4）在招生、考试、考核评价、职务评审、教研科研中弄虚作假、营私舞弊的。

（5）体罚学生的和以侮辱、歧视等方式变相体罚学生，造成学生身心伤害的。

（6）对学生实施性骚扰或者与学生发生不正当关系的。

（7）索要或者违反规定收受家长、学生财物的。

（8）组织或者参与针对学生的经营性活动，或者强制学生订购教辅资料、报刊等谋取利益的。

（9）组织、要求学生参加校内外有偿补课，或者组织、参与校外培训机构对学生有偿补课的。

第68讲

美国的教师专业标准制定的背景和目的是什么?

国外教师专业标准研究始于20世纪80年代,教师专业标准已成为许多国家促进教师专业发展、提高教学质量和改善学生学习的一种重要举措。

(1) 制定的背景

20世纪80年代,美国经济受到德国、日本和韩国的挑战,在机床、汽车制造等方面,美国都处于下风。在这种背景下,美国有些人开始责怪教育的落后,教育界人士开始反思美国的教育。反思的结论是,美国20世纪六七十年代的基础教育改革未达到预期目标。

1980年6月16日,《时代杂志》发表了一篇题为《救命,教师不会教》的文章,该文章报道了一次全国性教学调查研究的结果。研究发现,最好的人才并不在教学领域工作,学生的总体水平呈下滑趋势。随后,政府部门及一些研究机构随后发表了一系列重要的研究报告,尤其是1983年美国教育质量委员会出台了《国家处于危险中:教育改革势在必行》的报告,将教育提高到国家安全的战略地位,该报告中有关师资的调查结论是,新教师素质差、教师培训不合理、教师待遇低、教师专业权力小、主课教师严重缺乏。

1986年,霍姆斯小组推出《准备就绪的国家:21世纪的教师》和《明日之教师》等指导性文件,将教育改革的目标指向教师教育,这些报告都以促进教师专业发展为核心的教师教育改革作为主题,并对实践产生了一定影响。于是,美国开始了历史上的第三次课程改革,改革从课程结构和考试开始,可是,到20世纪80年代末,人们发现改革的效果并不理想,人们认为,教育改革应从教师改革开始,教师改革应从教学标准改革开始。

(2) 制定的目的

第一，促进教师专业发展。教师专业化是当前教育界关注的问题。所谓专业化，是指教师在经过若干年的专门训练后具有独立的、专门的知识和技能，从事的工作性质明显区别于其他行业。教师专业标准是教师专业化程度的一个衡量标准，通过教师专业标准可以促进教师的专业发展。

第二，改进教师评价体系。教师的专业成长需要相应的教育评价制度，教育评价制度不能凭主观随意判断，教师专业标准为教育评价提供了参照，使得教师的专业认定过程有章可依、有法可循。以标准为本的评价不仅仅是对教师工作的鉴定，更重要的是让教师从评价反馈中获悉自己的不足，从而促进教师的专业发展，提高教学水平，以达到提高学生学习效果的目的。

第三，促进学生学习。美国关于教与学的大量研究成果越来越充分地表明，教师是制约学校教育质量和影响学生学业成绩的最为重要的因素，教师专业标准是出发点，它不是目标，只是手段，学生学习才是终点，也就是教师最终要实现的目标。

第69讲

美国四大全国性教师专业标准的总标准是什么？

美国在教师专业标准的研究制定和实施上都走在世界前列，其教师专业标准有全国性的教师专业标准和州级范围的教师专业标准，其中全国性教师专业标准的影响相对较大。美国有四大全国性的教师专业标准制定机构，分别是美国全国教师教育认证委员会（NCATE）、美国州际新教师评估与支持联合会（INTASC）、美国国家教师专业教学标准委员会（NBPTS）和美国优质教师证书委员会（ABCTE）。因为是由这些机构制定的标准，因此上述四个名称既指机构名称，也可指机构制定的标准。

（1）美国全国教师教育认证委员会（NCATE）

① 熟悉学科内容。

② 明白有效的教学策略。

③ 反思自己的教学实践并调整自己的教学。

④ 能从不同的文化背景角度给学生提供教学。

⑤ 接受教学导师的监督。

⑥ 能把教育技术应用于教学中。

（2）美国州际新教师评估与支持联合会（INTASC）

① 掌握学科知识。

② 了解学生的发展特点和学习方法。

③ 了解学生文化背景的多样性。

④ 熟悉并使用各种教学策略。

⑤ 营造良好的学习环境。

⑥ 善于利用有效的交流手段。

⑦ 制定科学的教学计划。

⑧ 掌握并使用正式和非正式的评价策略。

⑨ 具有反思能力与专业发展能力。

⑩ 具有合作精神。

(3) 美国国家教师专业教学标准委员会（NBPTS）

① 教师应该致力于学生的发展和学习。

② 教师应该熟悉所授学科领域的知识以及该学科的教学方法。

③ 教师应该负责学生学习的管理和监督。

④ 教师应该系统性地反思自己的行为。

⑤ 教师应该是学习共同体的成员。

(4) 美国优质教师证书委员会（ABCTE）

① 扎实的学科知识。

② 出色的专业化概念和领导水平。

③ 优秀的教学实践。

④ 巨大的正面影响力。

第70讲

美国《教育专业伦理规范》的具体内容是什么？

美国《教育专业伦理规范》由美国教育协会1975年代表大会通过。以下是其具体内容。

序　言

教育工作者相信每一个人的价值和尊严，从而认识到追求真理、力争卓越和培养民主信念，具有至高无上的重要性。这些目标的根本，在于保障学和教的自由，并且确保所有的人享有平等的教育机会。教育工作者接受这种职责，以恪守最高的伦理标准。

教育工作者认识到教学过程固有责任之重大，渴望同事、学生、家长以及社区成员的尊重和信任，勉力从事，借以取得并保持最高程度的伦理品行。《教育专业伦理规范》表明全体教育工作者的抱负，并提供据以判断品行的标准。

对违反本规范任何条款的纠正措施，应仅由全国教育协会和/或其分会制订；本规范的任何条款，都不得以全国教育协会或其分会特别规定之外的任何形式强加推行。

原则一：对学生的义务

教育工作者力争帮助每个学生实现其潜能，使之成为有价值而又有效率的社会成员。所以，教育工作者为激发探究的精神、知识和理解力的获得以及对有价值的目标深思熟虑的构想而工作。

在履行对学生的义务时，教育工作者——

（1）不得无故压制学生求学中的独立行动。

（2）不得无故阻止学生接触各种不同的观点。

（3）不得故意隐瞒或歪曲与学生进步有关的教材。

(4) 必须做出合理的努力保护学生，使其免受有害于学习或者健康和安全之环境的影响。

(5) 不得有意为难或者贬低学生。

(6) 不得以种族、肤色、信条、性别、原有国籍、婚姻状况、政治或宗教信念、家庭、社会或文化背景或者性别取向等为由，不公正地：

① 排斥任一学生参与任何课程。

② 剥夺任一学生的任何利益。

③ 给予任一学生以任何有利条件。

(7) 不得利用与学生的专业关系谋取私利。

(8) 如非出于令人信服的专业目的或者出于法律的要求，不得泄露专业服务过程中获得的关于学生的信息。

原则二：对本专业的义务

公众赋予教育专业以信赖和责任，以冀其怀有专业服务的最高理想。

教育专业的服务质量直接影响国家和国民，基于这种信念，教育工作者必须竭尽全力提高专业标准，促进鼓励运用专业判断力的风气，争取条件以吸引值得信赖者步入教育生涯，并且帮助阻止不合格者从事教育专业。

在履行对本专业的义务时，教育工作者——

(1) 不得在申请某一专业职位时故意做虚假的陈述或者隐瞒与能力和资格有关的重要事实。

(2) 不得出具不符事实的专业资格证明。

(3) 不得帮助明知在品格、教育或其他有关品质上不合格者进入本专业。

(4) 不得在有关某一专业职位候选人的资格的陈述上故意弄虚作假。

(5) 不得在未经准许的教学实践中帮助非教育工作者。

(6) 如非出于令人信服的专业目的或者出于法律的要求，不得泄露专业服务过程中获得的关于同事的信息。

(7) 不得故意做有关同事的虚假的或恶意的陈述。

(8) 不得接受任何可能损害或影响专业决定或行动的馈赠、礼品或恩惠。

第71讲

《中小学教师职业道德规范》的完善与发展过程分为哪几个阶段？

(1) 1984年颁布的《中小学教师职业道德要求》

1984年10月13日，教育部、中国教育工会联合颁布《中小学职业道德要求（试行草案）》（以下简称"试行草案"）。颁布试行草案的"目的是为了提高教师的社会主义觉悟和共产主义道德情操，把青少年培养成有理想、有文化、守纪律的一代新人"。试行草案全文（含标题）共267字，分为6条。主要包括的内容：爱国爱党，热爱教育事业；执行教育方针，教书育人；认真学习，努力提高业务水平；热爱学生，建立良好师生关系；遵纪守法，处理好与学校、家长和社会的关系；注重个人修养，为人师表。试行草案主要调节教师的四重关系：教师作为公民与国家、社会的伦理道德关系，教师与学生的伦理道德关系，教师与学校集体的伦理道德关系，教师与家长等社会群体的伦理道德关系。

试行草案是新中国成立以来正式颁布的第一部教师职业道德规范，开启了师德规范化之路。

(2) 1991年颁布的《中小学教师职业道德规范》

1991年，国家教委、中国教育工会结合现实需求对试行草案进行修订后，颁布《中小学教师职业道德规范》（以下简称1991年《规范》）。1991年《关于颁布〈中小学教师职业道德规范〉的通知》中明确指出："教师队伍的思想、政治、道德素质如何，直接关系着我国能否培养一代社会主义事业建设者和接班人，各地必须予以高度重视。"1991年《规范》的核心是坚持社会主义方向，教书育人，精心培育德、智、体全面发展的社会主义新人。其全文（含标题）共238字，分为6条。主要包括的内容：爱国爱党，加强思想学习；执行教育方针，教书育人；提高理论水平，钻研业务；热爱学生，保护其身心健康；热爱学校，团结协作；注重个人修养，为人师表。主要调节教师的三重关系：教师作为公民与国家的关系，教师与学生的伦理道德关系，教师与学校集体的伦理道德关系。

1991年调整后的《规范》的内容在整体上更具有层次性意识，更为明确了教师应处理的几层关系，使规范更具有专业性意识。

(3) 1997年颁布的《中小学教师职业道德规范》

1997年8月7日，国家教委、中国教育工会颁布重新修订的《中小学教师职业道德规范》（以下简称1997年《规范》）。1997年《规范》颁布的目的在于进一步提高中小学教师的道德素质水平，帮助教师牢固树立科学的世界观和高尚的职业道德，自觉规范自己的思想行为，促使全体中小学教师真正成为人民满意的教育工作者。1997年《规范》全文（含标题）共583字，分为8条。主要包括的内容：依法执教；爱岗敬业；热爱学生；严谨治学；团结协作；尊重家长；廉洁从教；为人师表。主要调节教师的四种关系：教师与国家的伦理道德关系，教师与教育系统内群体的伦理关系，教师与学生的伦理关系，教师与教育系统外群体的伦理关系。

1997年《规范》较前两次师德规范有较大进步，内容更加具体，时代性也较强，它以职业特征为出发点，论及教师应处理的关系，较具操作性和专业性。

(4) 2008年颁布的《中小学教师职业道德规范》

2008年9月4日，教育部、中国教科文卫体工会全国委员会颁布重新修订的《中小学教师职业道德规范》（以下简称2008年《规范》）。其修订的基本原则是坚持"以人为本"、坚持继承与创新相结合、坚持广泛性与先进性相结合、倡导性要求与禁行性规定相结合、他律与自律相结合。2008年《规范》的颁布在于加强中小学教师职业道德建设，提高教师的师德素养。2008年《规范》（含标题）共501字，分为6条。主要包括的内容：爱国守法；爱岗敬业；关爱学生；教书育人；为人师表；终身学习。

主要调节教师的四重关系：教师与国家的伦理道德关系，教师与学生的伦理道德关系，教师与教育系统内群体的关系，教师与教育系统外群体的关系。

2008年《规范》是我国步入21世纪后的第一部教师职业道德规范，它集以往三部师德规范之成果，因而更为完善，体现了自律与他律的结合，2008年《规范》出现了肯定教师个体有提高道德修养的能力与要求的趋向，体现了理想与现实的结合，对教师现实的道德问题加以重视，不只提道德理想追求。同时，也体现了对师德规范科学性的追求和探索。

第72讲

《中小学教师职业道德规范》（2008版）的具体内容是什么？

第一，爱国守法。热爱祖国，热爱人民，拥护中国共产党领导，拥护社会主义。全面贯彻国家教育方针，自觉遵守教育法律法规，依法履行教师职责权利。不得有违背党和国家方针政策的言行。

第二，爱岗敬业。忠诚于人民教育事业，志存高远，勤恳敬业，甘为人梯，乐于奉献。对工作高度负责，认真备课上课，认真批改作业，认真辅导学生。不得敷衍塞责。

第三，关爱学生。关心爱护全体学生，尊重学生人格，平等公正对待学生。对学生严慈相济，做学生良师益友。保护学生安全，关心学生健康，维护学生权益。不讽刺、挖苦、歧视学生，不体罚或变相体罚学生。

第四，教书育人。遵循教育规律，实施素质教育。循循善诱，诲人不倦，因材施教。培养学生良好品行，激发学生创新精神，促进学生全面发展。不以分数作为评价学生的唯一标准。

第五，为人师表。坚守高尚情操，知荣明耻，严于律己，以身作则。衣着得体，语言规范，举止文明。关心集体，团结协作，尊重同事，尊重家长。作风正派，廉洁奉公。自觉抵制有偿家教，不利用职务之便谋取私利。

第六，终身学习。崇尚科学精神，树立终身学习理念，拓宽知识视野，更新知识结构。潜心钻研业务，勇于探索创新，不断提高专业素养和教育教学水平。

第73讲

如何准确理解、贯彻落实《中小学教师职业道德规范》？

（1）全面准确地理解《中小学教师职业道德规范》

第一，《规范》的基本内容是在继承优秀师德传统的基础上，根据教师职业特定的责任与义务做出的，充分反映了新形势下经济、社会和教育发展对中小学教师应具有的道德品质和职业行为的最基本要求。《规范》对教师的职业道德起指导作用，是调节教师与学生、教师与教师、教师与学校、教师与国家、教师与社会相互关系的基本行为准则。

第二，《规范》的许多内容是《教师法》等法律法规相关条文的具体化。但《规范》不是强制性的法律，而是教师行业性的纪律，是倡导性的要求，但同时具有广泛性、针对性和现实性。如新《规范》中写入"保护学生安全"，这是由中小学教师职业特点所决定的。中小学教师面对的是自我保护能力弱的儿童和少年。对于未成年人群体，教师应当负有保护的必要责任。

第三，《规范》中的"禁行规定"是针对当前教师职业行为中存在的共性问题和突出问题，也是社会反应比较强烈的问题而提出的，如"不以分数作为评价学生的唯一标准""自觉抵制有偿家教"等，但"禁行规定"也并非包括了教师职业行为中存在的所有问题。一个阶段提出一些阶段性的、可操作的、具体化的要求，能够使学校和教师在教育教学过程中，明确要求，有规可依，有章可循，规范教师职业行为，不断提高、促进师德水平。

（2）《中小学教师职业道德规范》的贯彻落实

第一，与教师队伍整体建设相结合。在把师德摆在首位，进一步加强和改进师德建设工作的同时，需要从完善教师资格准入制度、创新教师补充机制、深化教育人事制度改革、推进教师培养模式创新、加大对中小学教师培训的支持力度，努力改善教师的工作、学习、生活条件，调动广大教师的积极性、主动性、创造性，表彰宣传优秀教师先进事迹，鼓励和吸引优秀人才进入教师队伍等方面，采取有力措施，全面加强教师队伍建设。

第二，多方共同努力，互相配合。师德建设是一项社会系统工程，贯彻落实《中小学教师职业道德规范》也需要多方整体参与，形成教育行政部门、学校齐抓共管，有关方面大力支持，社会有效监督的良好工作局面。

第三，由他律走向自律，在"实"字上下功夫。四次颁布《中小学教师职业道德规范》的历史，展现了师德建设的发展动态。师德规范发展的一个显著趋势就是逐渐由他律走向自律。教师群体是一个特殊的职业群体，受其职业特点要求，教师一般具有较高的文化修养及较强的自觉性和自尊心。以教师为师德主体的思想在规范中直接体现为他律向自律的转化。《中小学教师职业道德规范》要促进师德生长，就要为教师的自律创造更大的空间。师德建设中要强调教师主体性作用，教师自律会是师德规范发展的必然方向。要在"实"字上下功夫，制订教师特殊职业群体的实施办法，形成制度，完善机制。

第74讲

《教育部关于大力加强中小学教师培训工作的意见》（教师〔2011〕1号）对师德建设的要求是什么？

为贯彻落实全国教育工作会议精神和教育规划纲要，建设高素质专业化教师队伍，教育部就进一步加强中小学教师培训工作提出工作意见。通知中明确指出：以师德教育为重点，增强教师教书育人的责任感和能力水平。

第一，大力加强师德教育。重视教师职业理想和职业道德教育，将师德教育作为教师培训的重要内容。学习贯彻《中小学教师职业道德规范》。

第二，创新师德教育的方式方法，增强师德教育的实效性。开展丰富多彩的师德教育活动，广泛宣传模范教师先进事迹，弘扬人民教师高尚师德。

第三，将师德表现作为教师考核的重要内容，并与教师资格定期登记紧密挂钩，形成师德教育和师德建设的长效机制。

第75讲

《国务院关于加强教师队伍建设的意见》(国发〔2012〕41号)有关师德要求的具体内容是什么?

(1) 指导思想

高举中国特色社会主义伟大旗帜,以邓小平理论和"三个代表"重要思想为指导,深入贯彻科学发展观,全面贯彻党的教育方针,认真落实教育规划纲要和人才规划纲要,遵循教育规律和教师成长发展规律,把促进学生健康成长作为教师工作的出发点和落脚点,围绕促进教育公平、提高教育质量的要求,加强教师工作薄弱环节,创新教师管理体制机制,以提高师德素养和业务能力为核心,全面加强教师队伍建设,为教育事业改革发展提供有力支撑。

(2) 总体目标

到2020年,形成一支师德高尚、业务精湛、结构合理、充满活力的高素质专业化教师队伍。专任教师数量满足各级各类教育发展需要;教师队伍整体素质大幅提高,普遍具有良好的职业道德素养、先进的教育理念、扎实的专业知识基础和较强的教育教学能力;教师队伍的年龄、学历、职务(职称)、学科结构以及学段、城乡分布结构与教育事业发展相协调;教师地位待遇不断提高,农村教师职业吸引力明显增强;教师管理制度科学规范,形成富有效率、更加开放的教师工作体制机制。

(3) 构建师德建设长效机制

建立健全教育、宣传、考核、监督与奖惩相结合的师德建设工作机制。开展各种形式的师德教育,把教师职业理想、职业道德、学术规范以及心理健康教育融入职前培养、准入、职后培训和管理的全过程。加大优秀师德典型宣传力度，促进形成重德养德的良好风气。研究制定科学合理的师德考评方式，完善师德考评制度，将师德建设作为学校工作考核和办学质量评估的重要指标，把师德表现作为教师资格定期注册、业绩考核、职称评审、岗位聘用、评优奖励的首要内容，对教师实行师德表现一票否决制。完善学生、家长和社会参与的师德监督机制。完善高等学校科研学术规范，健全学术不端行为惩治查处机制。对有严重失德行为、影响恶劣者按有关规定予以严肃处理直至撤销教师资格。

（4）健全教师考核评价制度

完善重师德、重能力、重业绩、重贡献的教师考核评价标准，探索实行学校、学生、教师和社会等多方参与的评价办法，引导教师潜心教书育人。严禁简单用升学率和考试成绩评价中小学教师。根据不同类型教师的岗位职责和工作特点，完善高等学校教师分类管理和评价办法；健全大学教授为本科生上课制度，把承担本科教学任务作为教授考核评价的基本内容。加强教师管理，严禁公办、在职中小学教师从事有偿补课，规范高等学校教师兼职兼薪。

（5）完善教师表彰奖励制度

探索建立国家级教师荣誉制度。继续做好全国模范教师和全国教育系统先进工作者表彰工作，对在农村地区长期从教、贡献突出的教师加大表彰奖励力度。定期开展教学名师奖评选，重点奖励在教学一线做出突出贡献的优秀教师。研究完善国家级教学成果奖。鼓励各地按照国家有关规定开展教师表彰奖励工作。

第76讲

《基础教育课程改革纲要（试行）》对教师在教学过程中的要求有哪些？

改革开放以来，基础教育课程建设也取得了显著成绩。但是，我国基础教育总体水平还不高，原有的基础教育课程已不能完全适应时代发展的需要。教育部决定，大力推进基础教育课程改革，调整和改革基础教育的课程体系、结构、内容，构建符合素质教育要求的新的基础教育课程体系。基础教育课程改革从1999年开始着手调查研究，组织全国高层次专家进行了顶层设计。2001年，在党中央、国务院的领导下，教育部正式启动了新一轮基础教育课程改革，颁发了《基础教育课程改革纲要（试行）》等一系列政策文件，初步构建了符合时代要求、具有中国特色的基础教育课程体系。

《基础教育课程改革纲要（试行）》中对教师提出如下要求。

教师在教学过程中应与学生积极互动、共同发展，要处理好传授知识与培养能力的关系，注重培养学生的独立性和自主性，引导学生质疑、调查、探究，在实践中学习，促进学生在教师指导下主动地、富有个性地学习。教师应尊重学生的人格，关注个体差异，满足不同学生的学习需要，创设能引导学生主动参与的教育环境，激发学生的学习积极性，培养学生掌握和运用知识的态度和能力，使每个学生都能得到充分的发展。

大力推进信息技术在教学过程中的普遍应用，促进信息技术与学科课程的整合，逐步实现教学内容的呈现方式、学生的学习方式、教师的教学方式和师生互动方式的变革，充分发挥信息技术的优势，为学生的学习和发展提供丰富多彩的教育环境和有力的学习工具。

政策法规篇

第77讲

习近平同志同北京师范大学师生代表座谈时的讲话中提出的一个好老师的特质有哪些?

习近平同志在2014年9月9日在同北京师范大学师生代表座谈讲话时谈到一个好老师应该具有的特质(节选)。

(1) 做好老师,要有理想信念

陶行知先生说,老师是"千教万教,教人求真",学生是"千学万学,学做真人"。老师肩负着培养下一代的重要责任。正确理想信念是教书育人、播种未来的指路明灯。不能想象一个没有正确理想信念的人能够成为好老师。唐代韩愈说:"师者,所以传道授业解惑也。""传道"是第一位的。一个老师,如果只知道"授业""解惑"而不"传道",不能说这个老师是完全称职的,充其量只能是"经师""句读之师",而非"人师"了。古人云:"经师易求,人师难得。"一个优秀的老师,应该是"经师"和"人师"的统一,既要精于"授业""解惑",更要以"传道"为责任和使命。好老师心中要有国家和民族,要明确意识到肩负的国家使命和社会责任。

(2) 做好老师,要有道德情操

老师的人格力量和人格魅力是成功教育的重要条件。"师也者,教之以事而喻诸德者也。"老师对学生的影响,离不开老师的学识和能力,更离不开老师为人处世、于国于民、于公于私所持的价值观。一个老师如果在是非、曲直、善恶、义利、得失等方面老出问题,怎么能担起立德树人的责任?广大教师必须率先垂范、以身作则,引导和帮助学生把握好人生方向,特别是引导和帮助青少年学生扣好人生的第一粒扣子。

"师者,人之模范也。"教师的职业特性决定了教师必须是道德高尚的人群。合格的老师首先应该是道德上的合格者，好老师首先应该是以德施教、以德立身的楷模。师者为师亦为范，"学高为师，德高为范"，老师是学生道德修养的镜子。好老师应该取法乎上、见贤思齐，不断提高道德修养，提升人格品质，并把正确的道德观传授给学生。

师德是深厚的知识修养和文化品位的体现。师德需要教育培养，更需要老师自我修养。做一个高尚的人、纯粹的人、脱离了低级趣味的人，应该是每一个老师的不懈追求和行为常态。好老师要有"捧着一颗心来，不带半根草去"的奉献精神，自觉坚守精神家园、坚守人格底线，带头弘扬社会主义道德和中华传统美德，以自己的模范行为影响和带动学生。

（3）做好老师，要有扎实学识

老师自古就被称为"智者"。俗话说，前人强不如后人强，家庭如此，国家、民族更是如此。只有我们的孩子们学好知识了、学好本领了、懂得更多了，他们才能更强，我们的国家、民族才能更强。

扎实的知识功底、过硬的教学能力、勤勉的教学态度、科学的教学方法是老师的基本素质，其中知识是根本基础。学生往往可以原谅老师严厉刻板，但不能原谅老师学识浅薄。"水之积也不厚，则其负大舟也无力。"知识储备不足、视野不够，教学中必然捉襟见肘，更谈不上游刃有余。

国外有教育家说过："为了使学生获得一点知识的亮光，教师应吸进整个光的海洋。"在信息时代做好老师，自己所知道的必须大大超过要教给学生的范围，不仅要有胜任教学的专业知识，还要有广博的通用知识和宽阔的胸怀视野。好老师还应该是智慧型的老师，具备学习、处世、生活、育人的智慧，既"授人以鱼"，又"授人以渔"，能够在各个方面给学生以帮助和指导。

（4）做好老师，要有仁爱之心

教育是一门"仁而爱人"的事业，爱是教育的灵魂，没有爱就没有教育。好老师应该是仁师，没有爱心的人不可能成为好老师。高尔基说："谁爱孩子，孩子就爱谁。只有爱孩子的人，他才可以教育孩子。"教育风格可以各显身手，但爱是永恒的主题。爱心是学生打开知识之门、启迪心智的开始，爱心能够滋润、浇开学生美丽的心灵之花。老师的爱，既包括爱岗位、爱学生，也包括爱一切美好的事物。

有人说，好老师的眼神应该是慈爱、友善、温情的，透着智慧，透着真情。好老师对学生的教育和引导应该是充满爱心和信任的，在严爱相济的前提下晓之以理、动之以情，让学生"亲其师""信其道"。好老师要用爱培育爱、激发爱、传播爱，通过真情、真心、真诚拉近同学生的距离，滋润学生的心田，使自己成为学生的好朋友和贴心人。好老师应该把自己的温暖和情感倾注到每一个学生身上，用欣赏增强学生的信心，用信任树立学生的自尊，让每一个学生都健康成长，让每一个学生都享受成功的喜悦。

第78讲

《课不能停》体现了学校教师哪些优秀的职业道德品质？

【案例回放】

纽约靠近寒带，所以冬天常有大风雪，扑面的雪花不但令人难以睁开眼睛，甚至呼吸时都会吸入冰冷的雪水。有时前一天晚上还是一片晴朗，第二天拉开窗帘，竟发现已经积雪盈尺，连门都推不开了。

遇到这样的情况，公司、商店常会停止上班，学校也通过广播，宣布停课。但令人不解的是，唯有公立小学，仍然照常上课。只见黄色的校车，艰难地在路边接孩子，老师则一大早就口中喷着热气，铲去车子前后的积雪，小心翼翼地开车去学校。

据统计，十年来纽约的公立小学只因为超级暴风雪停过七次课。这是多么令人惊讶的事。犯得着在大人都无须上班的时候让孩子去学校吗？小学的老师也太倒霉了吧？

于是，每逢大雪而小学不停课时，都有家长打电话去骂。妙的是，每个打电话的人，反应全一样——先是怒气冲冲地责问，然后满口道歉，最后笑容满面地挂上电话。原因是，学校告诉家长：

在纽约有许多百万富翁，但也有不少贫困的家庭。后者白天开不起暖气，供不起午餐，孩子的营养全靠学校里免费的午餐，甚至孩子还可以多拿些回家当晚餐。学校停课一天，穷孩子就受一天冻，挨一天饿，所以老师们宁愿自己苦一点儿，也不想停课。

或许有家长会说：何不让富裕的孩子在家里，让贫穷的孩子去学校享受暖气和营养午餐呢？

学校的答复是，我们不愿让那些穷苦的孩子感到他们是在接受救济，因为施善的最高原则是保护受施者的尊严。

【案例分析】

该案例中学校的做法体现了对学生浓厚的人文关怀精神，体现了对学生尊严的最细致入微的呵护。不管是联合国《儿童权利公约》还是我国的《教师法》《未成年人保护法》《义务教育法》都明确提出了要保护儿童的尊严。因此保护儿童尊严是教师应尽的义务。

《美国教师伦理规范》和我国的《教师职业道德规范》《教师专业标准》也都要求教师关爱学生、为人师表。关爱学生是教师职业道德的灵魂，该案例体现出了教师对学生人格、尊严的人道主义关怀。

关爱学生、保护学生尊严首先需要教师的一种"认识"，而不是法律法规、道德规范对教师的要求，因为道德是行为的内在准则。该案例就体现了教师的一种深刻的认识，对人的认识、对学生的认识、对尊严的认识。教师对学生的认识程度越深，越到位，其关爱学生、保护学生尊严时就不会流于形式化、表面化。

第79讲

浙江女教师虐童事件给我们带来哪些警示？

【案件回放】

在浙江温岭一家幼儿园里，一位"90后"教师将孩子拽着双耳从地上提起，她似乎很开心，孩子却痛苦地哭着。这照片一下子刺痛了很多人，愤怒中人们最终找到这位教师，可她说这样做的目的只是因为好玩。同时人们发现，在她的网络空间里存有700多张照片，其中有很多虐待孩子的行为，比如，用胶条粘嘴、将孩子扔进垃圾筒，等等。据调查，这些被该教师虐待过的孩子经常做噩梦，这些行为对孩子心理的伤害、影响或将伴随孩子终生。

经审查，该校是民办幼儿园，该教师没有取得教师资格证，不具备幼教的基本素质。

【案件分析】

该起案件中的教师的行为违背了教师职业道德，违反了教育法律。教育部发布的《幼儿园教师专业标准（试行）》是国家对合格幼儿园教师专业素质的基本要求。该标准在首要位置对幼儿园教师提出了"师德为先"的要求，在对待幼儿的态度与行为方面，标准要求教师做到"关爱幼儿，重视幼儿身心健康，将保护幼儿生命安全放在首位"。同时"尊重幼儿人格，维护幼儿合法权益，平等对待每一位幼儿"。特别强调"不讽刺、挖苦、歧视幼儿，不体罚或变相体罚幼儿"。《未成年人保护法》第十五条明确规定："学校、幼儿园、托儿所的教职员工应当尊重未成年人的人格尊严，不得对未成年人实施体罚、变相体罚或者其他侮辱人格尊严的行为。"

在教师违背师德和法律的行为背后还有一些问题需要做进一步的思考。

学校要严格遵守教育法律，招聘通过教师资格认证的教师，但实际上，一些民办学校所聘用的教师，有相当多都是无证上岗。他们采取边上岗，边参加培训，再取证的方式，进入了教师行业。这些教师的职业素养令人担忧，也会为教育悲剧的发生埋下隐患。

学校对教师要有人文关怀精神，经记者的后续调查发现，虐童的教师因为从小所处的家庭环境、走上幼师职业道路后的种种不适应，导致心理出现了问题，所以就通过虐童行为发泄内心的不满。现实生活中，有一些教师出现的道德问题，并不是说这个教师职业道德败坏，而是其心理健康出现了问题，因此学校管理层需要关心爱护教师，为教师提供心理援助，避免悲剧发生。

政府对民办幼儿园要加大支持、投入以及管理力度。民办幼儿园良莠不齐、幼儿教师待遇低、教学质量无法保证，需要政府认真贯彻落实《国家中长期教育改革和发展规划纲要（2010—2020年）》，积极发展学前教育，完善学前教育机制，对一些办学条件差的幼儿园给予优先扶持，保证良好的师资水平。

第80讲

教师懈怠事件给我们的启示有哪些？

【案例回放】

有位乡村女教师，她一直在同一所学校执教，忽然有一天，她发现她的生活看不到改变的希望，可以想到她现在的日子基本上就是她将来的日子，不可能有太多的改变。她觉得这样不行，必须改变这种状态，她想走出去，至少要提升一下自己的专业能力。于是她开始打听，然后买书开始学习，准备参加自学考试。后来，自学考试顺利通过被录取之后，她告诉校长她要去进修。结果校长说："你不能去，学校没有先例，我们不允许你去参加自学考试，你就做好现在的工作就够了。"

这位教师没有想到校长会这样回应她的要求。她想了许多办法，不断地跟校长及相关人员恳求，希望可以让她去进修。但这个校长就是不答应。

这位女教师采用了各种办法都没有争取到出去进修的机会，让她很失望。在接下来的一段时间里，这位教师的教学工作变得有些懈怠，教学热情也消失了，整个人变得有些懒散。校长见此情景，赶紧找她谈话，说："好吧，你去进修吧，进修是好事。"这位教师最终获得了进修的机会。

【案例分析】

该案例中教师对学习有着非常主动的追求精神，内心渴望在专业成长方面上一个台阶。这是非常值得肯定的。德国著名哲学家雅斯贝尔斯说："教育意味着一棵树摇动另一棵树，一朵云推动另一朵云，一个灵魂唤醒另一个灵魂。"教师为人师表，通过自己的知识和灵魂来影响学生。教师要影响学生，其自身的专业水平就要达到一定的高度。

我国《教师法》中明确规定：教师享有进修培训权。它的主要内容包括：首先，教师有权参加进修和接受其他多种形式的培训，以提高自己的思想品德和业务素质，从而保障教育教学的质量；其次，教师有权参加达到法定学历标准和达到高一级学历水平的进修或以拓宽知识为主的继续教育培训等权利。另外《中小学教师职业道德规范》里也对教师提出了终身学习的要求。要求教师要"崇尚科学精神，树立终身学习理念，拓宽知识视野，更新知识结构。潜心钻研业务，勇于探索创新，不断提高专业素养和教育教学水平"。

本案例中教师积极主动地不断学习，想要参加进修，既符合法律规定，同时也是教师这个职业本身对教师的职业发展要求。因此，面对教师对学习的渴望，学校管理层应给予积极的支持，对教师应充满人文关怀精神。

师德标兵篇

　　教师不仅是教书,更重要的是育人。所谓"学高为师,德高为范",就是要求教师既要知识渊博,又要品德高尚。教师的言行对学生的思想、行为和品质具有潜移默化的影响,教师的一言一行对学生具有示范性。所以,教师模范履行师德规范,以身作则,为人师表,才能赢得学生的尊重和信赖,才能以自己高深的人格和品德去教育、影响学生。

为了山城的孩子
——记河北省张家口市职教中心校长汪秀丽

艰难时刻，勇挑重担

站在河北省张家口市职教中心的门口，仰望校门，一排金色大字映入眼帘："学生的健康成长和未来发展高于一切。"

这是这所国家级重点中等职业学校的治校理念，也是这所学校的校长汪秀丽从教42年来奋勇拼搏、无私奉献的动力源泉。"为了山城的孩子"，这一宗旨和信念已经融入了汪秀丽校长的办学思想中，融入了她的一言一行中，成为她恒久的教育梦想。然而，汪秀丽是含着眼泪接任校长职务的。1997年，中等职业教育受到了极大的冲击，进入了前所未有的低谷阶段。首先是大、中专学生不包分配了，还有普高热持续升温、就业形势严峻等诸多因素汇聚在一起，使得全国许多职业学校不得不关、停、并、转，张家口市也相继撤并了三所职业学校。面对严峻的办学形势，"校长"这一职务意味着要担负更多的重任和挑战。汪秀丽的一双儿女即将参加中考、高考，一直生活在一起的公公婆婆已经年近八旬，爱人的工作更是忙得不可开交，正是家人最需要她陪伴和照料的时候。而"校长"这一职务，意味着她必须为工作付出更多的时间，做出更多的奉献。

领导的重托、教职工的信任和一个省人大代表、党代表的使命感、责任感，驱使汪秀丽只有接受，不能退缩。在矛盾、担忧和含着眼泪的抉择中，"当一名人民满意的校长"这一新的理想成为她坚定的追求。

倾尽全力，打造全国一流职业学校

"思路决定出路，思路有多宽，出路就有多广。"这是汪秀丽在接任校长后对全体教职工讲的第一句话。上任伊始，汪秀丽在最短的时间内带领学校12名中层干部深入青岛、大连、天津等地的10所国家重点职业学校参观、学习，在学习中深化对职教形势的认识和分析：职业教育是跨界的教育,是与经济建设和社会发展连接最直接、最紧密的教育,德国的职业教育被称作"二战"后德国创造经济奇迹的"秘密武器",我们国家经济的快速发展,也必须大力发展职业教育,培养数以亿计的高素质技能人才……

汪秀丽冷静地为自己的学校准确定位:中等职业教育不是没有出路,而是急待大力发展,我们必须正视困难,迎难而上,办好中职教育,造福百姓。

汪秀丽以清晰的思路提出了一系列办学指导思想:要站在经济的角度看教育,站在教育的角度看职业教育;要贴紧市场办学,坚定不移地走校企联合办学的路子;要提高质量求生存,办出特色求发展,打造品牌争一流,把加快现代化基础设施建设当作必须解决的攻坚任务……

汪秀丽以过人的胆识和魄力响亮地提出了"三年创建省级名牌,五年冲击国家级重点,十年建成全国一流中等职业学校"的奋斗目标。

汪秀丽以17年如一日的坚守和奋斗,倾尽全力为山城孩子的美好未来铺路奠基……

"职业学校就要围着市场转""学校围着市场办,专业跟着产业变,教学围着岗位转"。作为职业学校的校长,汪秀丽始终认为,自己的第一要务就是研究市场,不断创新学校的专业设置,必须把专业办在企业的兴奋点上,办在职业技能的紧缺口上。1997年,汪秀丽决心大力开发计算机专业。当时在张家口市拥有计算机的单位还是凤毛麟角,但汪秀丽认准了信息技术必将飞速发展的前景。她在全校教职工大会上说:"办法总比困难多!"以此来鼓励自己,也激励大家。当年,计算机专业一跃成为全校最大的骨干专业。随后,她与国内知名企业紧密联办,与国内著名高校不断合作,与国外优质教育资源展开交流,逐步形成了由12个计算机专业方向组成的专业群。学校的毕业生迅速占领了全市各个计算机应用人才的领域,法院、银行、商业系统、建筑系统,各单位争相到学校聘用学生。学校不但创出了计算机专业品牌,还为首都近百家知名企业输送了大量的人才,学校毕业生在人才市场上始终供不应求。2002年,学校计算机专业被教育部确定为全国示范专业；2005年，学校被教育部确定为计算机应用与软件技术国家技能型紧缺人才培养培训基地。

2000年的一个夜晚，汪秀丽随意地浏览报纸，一则短短的百字消息引起了她的注意：国家西部大开发将投资50个亿新建20个机场。一个想法在她脑中迅速成形——开发航空乘务专业。汪秀丽派出四路人马，奔赴首都机场深入调研，赴海南、深圳等地的航空公司探路，到哈尔滨摸底……随后在张家口市三家媒体历史性地连续打出培训空乘人员的广告，并从航空公司请来专业人士主持面试工作。面试当天，学校门前车水马龙，30个名额，吸引了2000多人报名……两年后，学校打开了深圳、海南、厦门等五家航空公司的大门，56名"空姐""空少"飞上蓝天，成了河北省第一代航空乘务员。自1998年学校开办了首个对口高考班以来，汪秀丽就明确了"一手抓高考，一手抓就业，两个拳头都要硬"的办学思路，使学校成为河北省内高等职业院校主要人才输送基地。16年来，汪秀丽先后拓展了计算机、建筑、财会等7个高考对口专业，还下大力开办了美术专业，与天津蓟县中专联办了天津春季高考班，在就业类专业增设了成人高考课程，努力延长学生受教育的年限。2013年以来，学校又抢抓国家加快构建现代职业教育体系的机遇，大力推进与高职院校的融通，先后与北京及省内7所高职院校洽谈合作，努力为学生开通继续学习的绿色通道。

在汪秀丽敏锐的市场洞察力和果敢的决策下，学校创新设置了22个分支专业，形成了信息技术、航空乘务、动漫游戏、学前教育和餐旅服务五大专业群，为学校源源不断地注入了生机和活力。

"要为孩子们搭建成才立交桥。"为了圆学生的就业梦、升学梦，这些年来，汪秀丽坚持立德为先、育人为本，坚持"成长、成人、成才、成功并重"的德育原则，全力推进"全纳教育"，使"我们的眼里没有差生"深植在每一名教职工心中；创建了"课堂教学建构素质，文明养成规范素质，特色活动拓展素质，劳动训练强化素质，社会实践提升素质"的"五维"素质培养模式；组织开展的新生军训、技能大赛、成人仪式、为校服务、校园艺术节、体育节等活动，成为学校十大德育活动品牌，这些活动让学生终生难忘、受益一生。汪秀丽抓住教学中心、质量重心不放松，始终站在中等职业教育教学改革的前沿，根据高考、就业的不同特点，分层教学，分类指导，分级考核，依托校企合作的资源优势，全力推进专业人才培养模式改革，优化课程体系建设，强化专兼结合的教学团队建设，不断提升实训基地的建设水平，强化教育教学各环节的精细化管理，有力地推动了学校的内涵式发展，促进了育人质量和整体办学水平的大幅提升。目前，学校已为社会培养、输送了近30000名毕业生。可以说，是职业教育成就了孩子们成人、成才的梦想，是职业教育为这些孩子插上了腾飞的翅膀。

"因为有爱，才有激情；因为激情，才有对事业的无比忠诚；因为忠诚，才会有献身事业的大无畏的勇气和魄力，才会有不到黄河不回头的坚韧和执着。"在河北省百名优秀共产党员先进事迹报告当中，汪秀丽这样解析自己。人到中年，正是上有老、下有小的"爬坡"年龄，身为女性，家庭和生活的担子也与日俱增。但职业学校办学过程中，需要校长操心的事太多了。1998年5月，因为全市职业教育现场会在学校召开，家中3位亲人相继离世，汪秀丽都没有请一天假；2003年"非典"期间，正逢学校对口高考首次冲刺天津大学单招考试，女儿在家备战高考，她却没有时间陪女儿，学校5名学生考入天津大学，女儿却落榜了；2004年，正当她奔波在寻求实训楼建设资金的路途中，90岁的公公独自在家时摔伤了腿，她虽然心急如焚却赶不回去；2006年，原市第三中学（市艺术高中）并入学校，为了把艺术高考做大做强，她忍着腰椎病痛驱车1000多公里，远赴大连等地的学校求取经验……对亲人的愧疚，时常噬咬着汪秀丽的心，但她一次次地对自己说：一个合格的人民教师，一个人民满意的校长，应该知道在个人和集体、在生活和工作的天平上把砝码投向哪一端……

2000年，对于启不启动校园改扩建工程，汪秀丽进行了激烈的思想斗争。上，筹钱太难；不上，学校将错失发展的机遇，可能就会在竞争中被淘汰。最终，她还是大胆决策：要坚定不移地发展学校，要敢于用明天的资金来办今天的事业。征地、拆迁，面对上千万的资金投入，主管教育的副市长问她："秀丽，行不行？"她立下了军令状："只要我们几个班子成员还在，就一定将学校办好、建好。"然而，一次开会当中，汪秀丽接了一个电话后，久久没有抬头，只见豆大的泪珠一颗颗落在桌面上——又是工程催款的电话。看到校长为了学校建设如此为难，老师们纷纷要求把自己有限的薪水借给学校支援学校建设。就这样，在学校建设最困难的时期，大家三次慷慨解囊，共支援学校1850万元，许多教师甚至向亲朋好友借款支援学校。崭新的实验楼、办公楼、教学楼、实训楼、图书楼先后拔地而起，两个塑胶运动场相继落成，学校占地面积扩大了6倍，建筑面积翻了4番，专业实训室逐步扩建到了85个。2013年6月16日，总投资约6000万元的综合实训大楼又破土动工，预计2015年底交付使用。校园面貌日新月异，为学校跨越式发展抢占了先机，也奠定了坚实的硬件基础。17年的校长历程中，大事难事数不胜数，而每一项工作汪秀丽都亲力亲为，与全体干部、教职工干在一起，冲在一线。清晨，她迎接全校师生的亲切笑容；夜晚，校长室长明不熄的灯光，已经成为激励全校师生辛勤工作、刻苦学习的不竭动力。在她的精神引领和感召下，学校人人都在为学校的发展出力献策，校园处处洋溢着奉献者、奋斗者的激情。这些老师们虽然都很平凡，但正是这些平凡的人组成了不平凡的团队，大家特别能吃苦、特别能战斗、特别能钻研、特别能奉献，爆发出了职教人巨大的力量，为中等职业教育事业做出了应有的贡献。

"做人民满意的教育家"

如今，张家口市职教中心已经从一所名不见经传的学校，成了国家重点、国家示范学校，先后被评为全国职业教育先进集体、全国教育系统先进单位、全国文明单位。2008年3月，汪秀丽光荣地当选第十一届全国人大代表。她抓住一切机遇宣传职业教育，连续五年提出的关于加大职业教育投入、理顺职业教育管理体制、严格就业准入制度等建议得到了国家的高度重视和采纳。几年来，汪秀丽多次在全国、省、市各级各类会议、论坛上介绍办学经验，成了在全国职业教育系统享有较高声望和影响力的专家型校长。2012年6月28日和7月12日，她先后两次应邀参加了教育部职业教育专题座谈会，汇报了省、市及学校办学情况，提出加大中西部地区职业教育投入、尽快建立职业教育生均经费标准等建议。任校长17年来，汪秀丽先后荣获五一劳动奖章、省管优秀专家、全国优秀教育工作者、全国百名杰出校长、享受国务院特殊津贴专家等多项荣誉。现在，她正带领全校教职工全力冲刺国家中职示范校这一奋斗目标。在从未停歇的脚步中，一个新的职教梦正在她的心中回荡，那就是，办世界一流的中职学校，让每一个孩子都能成为有用之才，用自己勤劳的双手立业兴邦，最终用"职教梦"托起中华民族的"中国梦"。

不放弃一个学生的好教师
——记上海市杨浦区辛灵中学校长谢小双

有一种爱，叫师爱；有一种关心，叫坚持。面对管教失败、自我放弃的孩子，他以博大的胸怀接纳他们，以父爱般的真诚感染他们，一个都不放弃。他，就是上海市杨浦区辛灵中学校长谢小双。

救火校长，用强烈使命感创造特殊教育的奇迹

那一年，辛灵中学突发一起学生自杀事件，给学校和师生、家长带来极大的心灵冲击……谢小双临危受命，从包头中学调到辛灵中学，担任校长兼党支部书记。

当谢小双踏进辛灵中学的校园，眼前的一切让他震惊！这是一所怎样的学校啊？学生中来自离异、单亲、重组家庭的占63%，来自低保家庭的占30%。学生绝大多数行为不良、学习困难，打架斗殴、夜不归宿、沉迷网络、小偷小摸的情况经常上演……

谢小双的震惊，不仅是因为学生行为的偏差，更因为作为一个教育工作者的良知。他知道，每一名成长困难的学生的心灵一定遭受过伤害，他们一定经历过不为人知的辛酸和苦辣。他更知道，挽救一个孩子，就是挽救一个家庭，就是为社会减少一份不安定因素。于是，谢小双立下了这样的目标——让人人成功、人人成才。他对教师们说，这个"成功"的定义，是这些孩子将来能够自食其力，做一个好公民。

从此，每天清晨，当第一缕阳光洒在校园时，谢小双的身影便会出现；每周伊始，当学生照例到校开始一周的住校生活时，谢小双就会出现在某个学生家门前接他（她）上学；每月下旬，当一个月的紧张工作告一段落时，谢小双就会召开质量分析会，细致分析每个教师的教学情况、每个学生出现的状况，并给出对策。

夏天，谢小双顶着酷暑，四处奔波，精心策划，建立起辛灵中学"青少年教育指导中心"，并不断完善指导中心的建设工作。他说："育德要育心，有了良好的环境，学生的成长就有了全面的支持系统。"

冬天，谢小双带领教师顶风冒雪走访每个学生家庭。这让家长感动：好多年没有老师来家访了，何况还是校长？也让学生踏实：原来家访不是告状，而是送来一股寒冬里的暖流。

为了系统了解特殊教育的特点，谢小双主动去华东师范大学进修特殊教育学。为了丰富教育手段，提升教育效果，他携手杨浦区未成年人保护办公室，布置法制教育展厅，开展主题教育活动，带领学生参观、学习，增强学生的法制观念；他请求区心理教研活动中心组配合，组织有心理辅导咨询资质的志愿者举办"我的明天如此美丽"心理咨询活动；他联合社区，合作召开了"杨浦区社区青少年教育工作座谈会"，为推进青少年教育工作、预防和控制青少年违法犯罪、确保杨浦平安而积极探索……

在谢小双不懈的努力下，辛灵中学的面貌很快焕然一新：学生从刚进校时不愿意来发展到初三毕业时不愿意走，每年的初三告别会，毕业班的学生都会满含热泪拥抱着老师久久不愿离开，甚至有的学生毕业了还要求再回学校住一宿！

这一切，都源自谢小双的"一个都不放弃"！

司机校长，用深沉师爱拨正失足少年的脚步

学生晓黎（化名），因为抽烟、逃学、沉迷网游、夜不归宿等不良行为，被家长送到了辛灵中学。那年，她升初二，进校时染着黄发，穿着奇装，走起路来耳环、挂饰叮当响。

九月进校,"十一"长假后,晓黎就逃学了。当谢小双踏进她家,眼前的景象让他吃了一惊:母女俩蜗居在一间小屋,家徒四壁,一片凄凉。原来,晓黎自幼父母离异,她随母亲生活,可母亲没有正当工作,两人只能靠低保生活,对这个不听话的女儿母亲更是无力管教。谢小双心里很沉重:"这样的孩子,这样的家庭,如果我们不拉她一把,再滑一步,她很可能就一辈子无法回头了。"于是,谢小双将她"请"回了学校。

可是两周后,晓黎故态复萌,再次逃学。谢小双再次家访,晓黎的母亲过意不去,劝谢小双"算了吧"。但谢小双不放弃,反而决定每周一早上,自己开车到晓黎家把她接到学校。

一次、两次、三次……从此,每周一的早上,晓黎都会享受"公主待遇"——校长开车接她上学。由于成绩不好、行为偏差而经常遭人白眼的晓黎感受到了从未有过的关爱和呵护。这是校长对一个学生的爱,对一个学生的不放弃。终于有一天,这个叛逆、执拗的女孩提出不需要校长接了,她能按时到校。之后,她再也没有逃过学。

校长谢小双的深沉师爱为晓黎筑起一座坚固的堤坝,抵挡住所有不良的诱惑。初三毕业,晓黎考进了理想的中专学校,而两年前刚进辛灵中学时,她5门功课总共才考100多分。

信使校长,用如山父爱解开失亲少女的心结

《诗经》云:无父何怙,无母何恃?学生莎莎(化名)就是这样一个弃婴,她从不知亲生父母是谁。而独自抚养她的养父又多次违法犯罪,还染上了毒瘾。为此,莎莎饱受歧视和欺侮,不得不用拳头维护自己仅剩的尊严,于是她被送到了辛灵中学。

进校后,莎莎依然孤僻、不合群,总是沉默地在角落里发呆。家长的过错怎能让一个年幼的孩子承担呢?于是,谢小双常常找莎莎谈心、聊天,节假日,谢小双也会带上水果、礼物上门看望她,给她父亲般的关爱,并告诉她,家庭不能选择,但前途可以靠自己创造。

中考前,谢小双得知莎莎因想念正在服刑的养父变得很忧郁。为了解开莎莎的心结,谢小双决定做一回"信使"。那天,他带着几位老师去监狱看望莎莎的养父，将孩子的学习、生活情况一一告知对方。看到心爱的女儿的照片，莎莎的养父流下了眼泪。"我在大墙里几年，都不知道孩子已经初三了！"他对谢小双说，"孩子跟着我没出息，我也没有能力照顾她，就托给你们学校吧。"由于担心女儿毕业后没人照管，养父甚至想让她留级，继续待在辛灵中学。

回到学校，谢小双将养父的话转告莎莎。心结解开了，莎莎的脸上露出了花季少女应有的笑容。谢小双又买了好多书送给她，让她和好书交朋友。校长的如山父爱支撑着莎莎考入了一所中专学校，彻底走出了生活阴影，迈向了人生新的旅途。

终身老师，用无疆大爱呵护孩子健康成长

有一份爱不会因毕业而消散，那就是老师对学生的爱。

在辛灵中学有一个不成文的惯例——对毕业生要继续跟踪回访至少一年。这个惯例让学生走出校园后还能够继续得到老师的关心，这对学生的成长起到了举足轻重的作用。谢小双和老师们也因此可以继续资助和帮助这些说大不大、说小不小的学生。对家庭困难、单亲甚至失亲的学生，谢小双每年春节都会请他们回学校吃年夜饭，还给他们压岁钱。

直到现在，谢小双每月还给晓黎和莎莎充话费。"我要和她们保持联系，万一她们的手机因为欠费而停机，我就找不到她们了。"谢小双说。因此，谢小双第一时间知道了晓黎的母亲因违法行为被判刑，没有人给她付学费。得知消息的谢小双立刻前往晓黎的学校说明情况，为她争取到学费减半的特殊待遇，剩下的学费则由辛灵中学和谢小双共同承担。

谢小双为学生们付出的又何止是话费、学费？没有父母呵护，没有经济来源，柔弱的小鸟如何抵御外界的风雨和诱惑？但每次接到母校校长的电话，都让这些学生有了坚持下去的动力。他们说："谢校长，您放心，不管多苦多累，我们永不会再走歪路！"

辛灵中学的毕业生们都记得谢小双说过："这里永远是你们的家，家的大门永远为你们敞开！"那年，毕业一年的学生们回母校看望老师，提出想在学校住几天，重温在老师百般呵护下的集体生活并参加新一届毕业生的离别仪式，谢小双都答应了。在毕业离别仪式上，其中一位学生突然站起来，眼含热泪对谢小双和全体老师说："谢谢你们，我的再生父母，没有你们，就没有我的今天。"那一刻，全场动容。

成功校长，用科学发展观培养整个教师团队

谢小双深知，一个人的力量是有限的，只有凝聚众人的力量，团结合作，才能促成"众人种树树成林，大家栽花花满园"的美好局面。所以，他很重视学校教师的培养和团队的建设。他让教师们坚定两个信念。

一个是"一个都不放弃"。谢小双针对教师队伍中存在的"学生太差""教不会"的说法以及畏难情绪，引导教师转变观念，正视现实，抛弃"等、靠、要"的做法，激励大家心往一处想、劲往一处使，带领全体教师以团队合作的形式，在学校发展的方向与路径上达成共识，开展有针对性的教育教学基本功练兵活动，针对每位学生设计不同的教育方案，与每一个学生"手拉手，结对行"，不抛弃、不放弃任何一个学生，帮助学生增强自尊、提升自信。

一个是"人人都会成功"。谢小双利用各种场合宣讲这个信念，让教师真正认识到孩子是每个家庭的希望，转变一个学生，就是挽救一个家庭，就是消除一个社会隐患，引导教师培养和发扬"爱心、耐心、信心、尽心、恒心"精神，关爱学生，对学生精雕细刻，通过赏识教育，发现学生的优点，促进学生转变，力求让每位学生都能走向成功。

谢小双让教师发扬三种精神：吃大苦、耐大劳、献大爱。这三种精神似乎与崇尚个性自由的现代社会格格不入，但从事特殊教育的教师必须具备这样的精神。

在辛灵中学，学生住宿在学校，教师是24小时和学生一起生活、学习的。谢小双要求教师把关于学生的点点滴滴都深深地印刻在心里，知道他们需要什么，学习上还有哪些不足，随时给予关心与帮助，使学生逐渐学会自主生活、主动学习。

在辛灵中学，教师的节假日也属于学生。节假日，谢小双会带领全体教职工全情投入"结对、帮困、助学"活动，不论刮风下雨、严寒酷暑，总是满怀挚诚地走进困难学生的家庭，送上慰问品，开展家访活动。此外，学校还成立关护小组，专程陪学生到监狱探望服刑的家长，为家长的改造及学生的成长献出一份爱心。

在辛灵中学，学校的青少年教育指导中心不仅教育本校的学生，还会整合区域内各教育部门资源举办各种活动，送教上门，开设讲座，促进更多的学生健康成长。杨浦区检察院、团市委先后在辛灵中学揭牌成立杨浦区未成年人社会观护基地、上海市阳光社区青少年事务中心和杨浦区"青苹果"课堂，使辛灵中学青少年教育指导中心对全区的教育辐射功能更为强大，惠及了更多的家庭和孩子。

科学校长，让教师们转变四种观念

变"教书育人"为"育人教书"。区别于普通学校和以往的工读学校，谢小双强调育人比教书更重要，强调以人为本的准军事化管理，从内务整理、生活自理、文明礼仪、学习习惯等德育系列校本教育入手，把每天早晨15分钟的内务整理作为学校拓展性德育系列课程，注重培养学生自立自强的生活习惯，增强他们的责任感。

变"单纯的教师管理"为"学生自主管理与教师管理相结合"的管理模式。在育人教书的氛围中，谢小双引导学生参与楼梯文化、走廊文化、墙面文化、教室文化、宿舍文化的布置，营造和谐、高雅的校园环境；引导学生探究社会热点问题，并将探究成果用绘画的形式绘制在墙面上；将《弟子规》作为拓展型校本课程，让学生在学习中华民族传统文化的同时，自发领悟，把内容绘制成画，张贴在楼道里，创设出适合学生特点的育人文化氛围，形成独特的校园文化，增强校园文化的育人功能，使学生人尽其才，增强了自尊，提升了自信。

变"老师爱学生、学校爱学生"为"学生爱老师、学生爱学校"。为了丰富学生的课余活动，营造多彩的校园生活，使学生学在校园、乐在校园、爱在校园，谢小双主持建设了健身房、多功能电子阅览室，以满足不同性格特征的学生的课外生活需求。谢小双还利用各种节日、纪念日进行仪式教育，利用各个契机寓教于乐。这些举措，让学生真切地感受到老师和学校对他们的关爱，从而激发起他们对老师和学校由衷的喜爱。学生们不仅在毕业离别仪式上泪眼婆娑与老师难舍难分，毕业之后更是难忘母校生活，甚至渴望返校住上几晚，重温在辛灵中学的美好时光。

变"单一强调文化学科质量的提升"为"以开设适合学生的拓展型校本课程，增强学生的综合素养，来带动文化学科质量的提升"。为此，谢小双在学校特设剪纸刻画、形体瑜伽、素描绘画、电子阅览、心理导航、影视欣赏等课程，丰富学生的课余文体生活，激发学生的学习兴趣，引导学生"先静心，后学习"，以此提升学生的综合素养。

谢小双的努力使学校、教师以及学生都发生了巨大的变化，也引起了社会的关注。近几年来，《解放日报》《文汇报》《环球时报（英文版）》《青年报》、上海市党建文化研究中心刊物《东方社区》杂志、《东方教育时报》《杨浦教育党建》以及上海教育电视台、上海教育新闻网等媒体多次报道了辛灵中学创造的奇迹……

就这样，谢小双校长执着地坚守着"一个都不放弃"的教育理念，用"春风化雨"的人格魅力，挽救着一个又一个迷途的孩子；就这样，谢小双带领着辛灵中学的教师团队，坚守着"挽救一个孩子，就是挽救一个家庭，就是为社会减少一份不安定因素"的信念，坚守着"对社会负责"的使命，在特殊教育的园地里风雨兼程，让生命与使命同行。

在讲台上实现自己的人生价值
——记浙江省乐清市育英学校小学分校校长俞国平

俞国平，一个农民的孩子，一个从山沟里走出的特级教师，从事民办教育近20年，成为民办学校教师教书育人的典型。忆及20余年的教育生涯，俞国平感慨地说："事在人为，如果不是艰难求索，如果不是在育英这片热土上，如果没有温州、浙江良好的发展环境，恐怕我也不会有现在的成绩！"

选择：留下与出走

1990年，俞国平从乐清师范毕业后选择回乡任教。当时，校舍建在一间祠堂里,学校各种条件都很差,学生辍学现象严重,俞国平接过四年级的一个班时,该班平均分数仅有 37.2 分。面对这样的情况,俞国平凭着青年人的热情,从基础做起,一点一点为学生补习功课。

为劝说辍学的小鲍入学,俞国平 5 次进行家访,终于感动了孩子和家长;为了照顾孤儿小西,俞国平数次垫钱给他买学习用品;为了打好学生的基础,每个周末俞国平都免费为学生辅导功课。那时候,没有好的设备,所有的资料都是他自己刻板,油印出来给学生使用……一年下来,这个班的毕业考试成绩在当时的统考中名列大荆区前三,被大荆教办领导誉为"智仁小奇迹"。

在山区的几年,俞国平始终不忘学习。资源少,他就自己找;经费难,他就自己干……执教的第三年,21 岁的他就获得温州市教坛新秀的称号,成为当时温州历史上最年轻的地市级教坛新秀,被称为"山沟里飞出的小凤凰"。

取得了一定的教学荣誉,俞国平在乐清教育界有了一点小名气。适逢育英学校初创,在董事长黄纪云先生的盛邀之下,想到民办学校灵活的机制以及专业发展的前景,俞国平选择来到了极富挑战的育英学校。

困境:坚守与突围

20 世纪 90 年代初期,民办学校在乐清乃至温州还是新生事物,饱受社会的质疑。各种言论铺天盖地而来:"老师工作就像牛一样苦。""老师的待遇得不到保障。""学生很差,是在公办学校读不下去的。"……

的确,由于是新生事物,当时的学校运作没有样本可以参照,管理上完全是"摸着石头过河",教科研和教师专业发展同样艰难。作为温州市教坛新秀,一些人觉得俞国平到民办学校工作不值,会耽误前程,有人向他投来惊异甚至是不屑的目光……面对他人的质疑,俞国平觉得,既然选择了,就要接受自己的选择。如果连自己都看不起自己,还有谁会认同自己的选择呢?

学校教科研底子薄,俞国平就带领教师研磨课堂,探讨语文活动课程,把研究工作开展得有声有色。1995 年,俞国平担负着两个班的语文教学任务以及教务处、质管处职务，同时还担任班主任。虽然工作任务重，但面对挑战，俞国平能全身心投入各项工作中，兢兢业业，从不喊累。

打铁还需自身硬，俞国平深知这一道理。如何发展专业，真正将小学语文教学研究得更深入，带动团队建设？他从自己做起。一是积累，向录像学习。俞国平从乐清电教馆借来大量全国名师课堂录像带观看，多少个夜晚，当学生睡下后，他还在观看着录像，琢磨着教学设计。二是请教，向名师请教。乐清当年的名师他几乎全部请教过，甚至还登门拜访温州特级教师缪笑竹、周望潮。三是尝试，不断讨论改进。他带领团队总结出"滚雪球"教研范式，即对一个课例不断研讨改进，就像把雪球越滚越大一样，由此辐射取得"这一类"文本的教学方法，这在当时是相当有远见的。

令人欣慰的是，20世纪90年代以来，温州的民办教育蓬勃发展。浙江省人民政府大力扶持民办教育事业，相继出台一系列惠及民办教育改革的措施。从教学评比到专业技术职务评聘，从教师身份的确认到教师进修，从人事关系到后续资金保障，温州的民办教育走上了良性发展的快车道。俞国平也切切实实地感受到发展和变化带来的民办学校教师生态环境的改变。

得益于政策的助推，俞国平开始了坚守后的突围。1999年上半年，他参加了浙江教育学院举行的"新秀培训班"。两个月的脱产学习让他在专业上重新梳理、建构，从语文主动学习的理念到论文案例的选题写作，从科研的思路到课堂观课的视角，俞国平如饮甘露。那一年，温州市举办首届双高课评比，他以《白杨》一课技惊四座，获得第一名，被称为"俞白杨"。温州小学语文界刮起了"俞国平旋风"。

1999年，俞国平担任学校小学部的业务副主任，同时担负着语文教学、班主任工作。忙碌之余，他仍不忘专业的发展，逐渐形成了自然灵动的课堂风格。2000年至2005年间，俞国平以出色的业务能力被评为浙江省教坛新秀、省青年科研标兵、省名师培养对象；课题"小学生主动学习研究"获温州市一等奖和教育部国际交流合作司优秀成果奖；课题"小学学科'互补'的探索与实践"获浙江省教育厅二等奖……

蜕变：教书与育人

2006年，浙江省开展了第九批特级教师评选活动，俞国平凭着出色的课堂教学和深厚的科研功底，被评为省特级教师，成为浙江省民办学校土生土长的特级教师第一人，年仅35岁的他也成为浙江省最年轻的特级教师。

作为特级教师，如何更好地教书育人，努力实现自己从"教书，教课文"到"育人，教一生"的转变？为此，俞国平不断思考、实践。在经历了从"骆驼"到"狮子"的精神变化之后，俞国平把自己的育人理念复归于"婴儿"思想——"大道至简，复归于婴儿"，即把一切放下，真正站在儿童的视角，遵循儿童的发展规律来教书育人，回归教书育人的本真状态。

近几年，俞国平一直以"成人小孩"的身份，致力于"儿童语文"的育人研究，为此他深入研究陶行知、晏阳初等教育家的教育理念，向大师借智慧。他在论文《试论"儿童语文"的价值追求与建构》的开篇即阐明："'回归生活，回归语文，回归儿童'，还儿童自己的语文生活既是传统精神的烛照，也是语文教学的力点。"

民办寄宿学校的孩子是比较特殊的，俞国平担任一线教师数十年，见过太多的特殊孩子。由于这些孩子的家长长期在外经商或是忙于事业，往往顾不上他们的教育，只知道给予孩子丰厚的物质而缺少家庭的温暖和良好的沟通，导致许多孩子存在这样那样的问题，如孤僻、暴力、浪费……如何站在孩子需要的角度，真正帮助孩子健康、快乐地成长？除了对孩子嘘寒问暖之外，俞国平觉得更重要的是培养孩子良好的心理品性，真正还孩子以童年。

他不断研究课例，研发经典诵读、儿童阅读等课程，将"儿童语文"的理念融入课堂之中。教学《爱心树》绘本读写课，当课堂推进到最后一个环节"创作漫画，推想故事的结局"时，学生小卢创编了这样一段结尾："最后的树桩也被这个贪婪的家伙挖走了。正当他要走的时候，突然一阵大风刮来,他站立不稳,一个跟头摔进了树坑,死了。树坑成了他的坟墓!"显然,小卢的创作带有强烈的感情色彩,似乎有些"暴力"的味道——尽管看似符合文本的逻辑。俞国平是了解小卢的,因为他的父母长期远在云南,一年才见一次面,进入五年级之后他显得非常暴躁,也惹事不少,于是,俞国平和他结成了帮助对子。面对小卢带有"报复"色彩的创作,俞国平首先肯定了小卢想法奇特,而后进行延迟评价,组织讨论:"同学们,你们对小卢创作的故事结尾有什么看法?"学生纷纷发言,有的说好,有的则提出不同的看法,认为这样的结尾似乎太残忍了。更有学生认为,虽然俗话说"善有善报,恶有恶报",但是这样的结局反而显示了"以恶制恶,以暴制暴",这样有点不太好。最后俞国平请小卢自己再来谈谈,小卢修正了自己的观点。在此基础上,俞国平揭示了文本中原有的故事结尾,两相对照,同学们对如何做人就有了更加理性的认识了。

教育家雅斯贝尔斯说:"真正的教育是一棵树摇动另一棵树,一朵云推动另一朵云,一个灵魂唤醒另一个灵魂。"教育绝不仅仅是生活呵护、知识传授这么简单。真正的教育是唤醒灵魂的教育,是着眼于国家、民族前进的公民教育。

责任:小我与大家

俞国平自1999年担任学校主管教学科研的领导以来,正是浙江省尤其是温州市民办教育的高速发展时期,但民办学校师资往往良莠不齐。怎样建设师资队伍,提高教师教书育人的本领,让学生真正得到优质的教育呢?俞国平开展了多元建设活动。

俞国平担任小学部主任后,就在教师队伍中开展师徒结对的"青蓝工程",倡导教师们开教学博客,进行教学反思,以此促进青年教师的成长。

俞国平担任主管教学科研的副校长后,每学期都要制订全面而切实可行的教学计划。学校举办"教研周""学术月",他总要提出总的研讨目标,形成了"聚焦问题—策划活动—行动实践—深度反思—再次实践—形成观点—后续思考"的研讨思路,做到开展一次活动就攻克一个难点的效果。

每逢有青年教师要上公开课，俞国平总要同他们一起备课、设计教案，对他们进行全程指导。几位青年教师参加温州市的优质课竞赛，从校内试讲到市里比赛，俞国平全程跟踪，最终，参赛教师全都获得一等奖。

逐一帮助青年教师设计个人职业规划也是俞国平实施的一项重要举措。2001年，陈传敏从泰顺来乐清育英学校时只是一个普通的书法教师。实践中，俞国平发现他的综合素养非常好，便用其所长，大胆让其担任语文学科教师，帮他制订了一个三年目标，并督促他朝着这个目标发展。2005年，陈传敏实现了目标，被评为乐清市和温州市的语文教学骨干教师，并获得浙江省青年教师阅读教学大赛一等奖，此后又获得了"温州市名师""浙江省教坛新秀"等荣誉称号。类似陈传敏这样的青年教师在团队中迅速成长，10多年来，共有50余位育英小学教师获得乐清市级优质课一等奖以上荣誉。2011年一年，小学分校就有近10位教师获得"温州市骨干教师"的荣誉称号，形成了"育英现象"，在温州市产生了广泛的影响。成为特级教师之后，俞国平深知特级教师自身水平要对得起这个称号，为此，他研究不止，几年来，发表论文案例百余篇，多次赴山东、江苏、上海、天津等地讲学，执教国家、省、市、县级公开课、讲座百余场次，受到听课教师的一致好评。俞国平还利用育英学校以及温州市"俞国平名师工作室"这些平台，经常组织教学科研活动以带动学校教师的发展。

俞国平结对乐清市农村学校柳市镇第七小学、白石镇中心小学近10年，结对瑞安市红旗小学等近6年，还被聘为温州市广场路小学、城南小学等名校的教学顾问。他利用晚上或双休日时间，不遗余力地辅导一个个"大龄学生"——青年教师，无论校内校外，只要有人求教，他都满腔热情地予以接待。几年来，俞国平所指导的外校青年教师不下百余人，不少人都成为温州"小语"界的青年新锐。

将责任带向更远的地方也是俞国平的想法。2008年汶川地震发生后，俞国平积极捐款献爱心，并且发动全校师生为灾区捐款40余万元。为支援青川灾区教学研究，他主动接受省教育厅支教任务，2010年到青川支教一周。青川老师、学生的坚强让他深受感染,他写下万余字的手记,利用《浙江育英教育集团报》平台进行宣传。

多年来,他几乎每天都是早上五点多第一个到校,晚上迟迟离开。同事们总是这样说:"他太忙了,每天第一个到校的总是他,如果早上六点多收到短信,准是俞校长发的。"尽管累,但俞国平却乐此不疲,学生每天亲热地喊着他,他就开心;学校教师获奖,他就高兴;家长满意,他就欣慰;存在问题,他也乐于直面……他说:"一个人的力量是有限的,为了让更多的孩子受到优质的教育,就要有大批的教师提高自己的教学能力和水平,我能做些事,也是很有意义的,怎么能偷懒呢?这么多年了,也习惯了,不忙反而觉得空落落的呢!忙,是一种责任,也体现出生活的充实。"

俞国平说:"在民办学校工作是要比公办学校更辛苦些,但吃苦的背后能获得个人的发展,更能体现出自己的人生价值。"

点亮聋哑孩子的人生
——记湖北省武汉市第一聋校教师杨小玲

在热爱的讲台上,她创造了一个又一个奇迹:学生邰丽华领舞的《千手观音》,征服了亿万观众;3个月大就失聪的蒙蒙,自信地绽放在北京残奥会的舞台上……

在她的引领下,8名学生跟随中国残疾人艺术团登上璀璨耀眼的舞台,更多的残疾孩子或上大学继续深造,或走入社会正常就业。

她就是湖北省武汉市第一聋校教师杨小玲。23年,从青春到不惑,杨小玲把自己最美好的年华奉献给了这群特殊的学生,默默的付出赢得了所有人的认可。她先后荣获全国爱心奖、全国特教园丁奖、湖北省五一劳动奖章等荣誉。

回望来路,杨小玲认为自己最大的骄傲,就是没有辜负聋哑孩子用尽全力叫出的那一声含糊却动人的"妈妈"。

一眼结缘，青春岁月挥洒在特教讲台

1990年，杨小玲和其他3名同学一起来到武汉市第一聋校，透过窗户，她看到一群孩子正在教室里跳傣族舞。

整个舞蹈跳下来，谈不上姿态正确，更谈不上美感，孩子们的动作很僵硬。但他们眼睛里透出的一股子认真劲，让杨小玲动容，她的眼泪唰地一下就下来了。

这个武汉市幼儿师范学校的舞蹈尖子没有想到，就是这段无声的舞蹈，让18岁的自己从此跟聋哑孩子结下了不解之缘。在拿到毕业分配志愿表时，杨小玲只郑重地填了一个志愿——武汉市第一聋校。

"是孩子们的坚持和对生活的希望感染了我，我要帮他们做点什么。"杨小玲坚定而充满热情地说。

上班以后，杨小玲协助舞蹈老师文洁负责文艺队的工作。不懂手语的杨小玲完全不知道如何跟学生交流。刚开始给学生排练舞蹈，她不知道怎么讲解节奏、动作要领，更不用说怎样表达音乐的内涵。她只能一次又一次地给学生示范，一节课下来，自己累得汗流浃背，可学生还是没能掌握好动作要领。回到办公室，她难过地趴在桌子上，眼泪流了下来。

擦干眼泪，工作还得继续。为了尽快学会与学生交流，杨小玲除了背"手语书"，还以学生为师。操场上、教室里、食堂里，学生们在用手语私下"聊天"。只要是自己看不懂的，杨小玲就主动向学生请教。学生们都很喜欢教杨小玲这个勤奋的"学生"。就这样，杨小玲一步步走进无声的世界，成了手语"活字典"。

鼓声传震，让聋哑孩子"听"到节奏

在聋校，语言交流障碍还只是第一道门槛。困难比杨小玲想象的要大许多：音乐再悠扬，学生们也听不见；节拍再鲜明，学生们也感受不到。所有的舞蹈术语，她必须翻译成肢体语言；所有的节拍和口令，她只能用手势传达。杨小玲站在这群孩子中间，觉得自己像个外星人。

怎样让聋哑学生感受到节奏？杨小玲苦苦思索着。看到舞蹈室里的大鼓，她忽然眼前一亮。鼓声震动，通过地板传递到学生们的脚心：他们终于第一次"听见"节奏，眼里放出惊喜的光。

学生们从此喜欢上这鼓声，喜欢上舞蹈课。为了帮助学生理解舞蹈情绪，杨小玲把音乐编成一个个小故事，"讲"给学生听；为实现舞蹈动作整齐，她自创"呼吸传递法"，在《千手观音》的表演中，后面的学生张开双手的同时，往前面吹一口气，前面的学生感知后立刻张开双臂；为尊重残疾学生的个性差异，她探索出"无限沟通法"……

热情投入，照亮了学生们前行的路

在学校舞蹈室外，一名男生经常躲在窗外偷学。杨小玲走出教室，用微笑迎向他怯怯的目光。这个名叫王志刚的孩子说："老师，我想学跳舞。"于是，杨小玲答应了。他成了队里最刻苦的队员，每次排练下来，身上青一块紫一块，但他从不叫苦。

训练一年多后，杨小玲为王志刚选定独舞《好汉歌》，参加全省残疾学生文艺比赛。当时，杨小玲身怀六甲，不管多晚、多累，她都陪在训练场，打节奏、讲要领。这支舞让王志刚赢得了他人生中的第一个大奖。

2001年，王志刚又冲击全国性的比赛，产假还没休完的杨小玲，回到舞蹈室。经过近一年的排练打磨，他们的参赛舞蹈《秦俑魂》在全国残疾人艺术比赛上大获成功。

这次比赛改变了王志刚的命运——中国残疾人艺术团向他抛出"橄榄枝"，他成了一名专业舞蹈演员。8年里，他随团出访20多个国家和地区，先后登上央视春晚，雅典奥运会闭幕式，北京残奥会开幕式、闭幕式的舞台。

"在学生身上，我学到了坚强、包容和担当。"杨小玲说，"每个生命都有梦想，我帮他们圆梦，他们也会用自己的行动，点亮更多孩子的梦。"

信心培养，"丑小鸭"成为父母的骄傲

蒙蒙曾经是父母的一块心病。20年前，刚出生3个月的她就被确诊为耳聋。邻居小伙伴嘲笑她、欺负她，叫她"傻子"。四处求医无果，绝望的父母觉得天都塌了。

蒙蒙 7 岁时，妈妈抱着最后一线希望把孩子送到了市里的聋校。六一儿童节，蒙蒙爸妈第一次看到登台跳舞的女儿，高兴地说："这真是咱家的蒙蒙吗？"

就是在杨小玲的舞蹈课上，蒙蒙开始找到了自信，找到了上学的理由。在杨小玲的培养下，蒙蒙成了学校舞蹈队队长，成了班长、校学生会主席。2008 年，舞技出众的蒙蒙跟杨小玲一起，站在了北京残奥会的舞台上。演出那天，蒙蒙一家高兴得像过年一样，十里八村的乡亲知道了，都竖起了大拇指。"我的残疾孩子一样不比别人差。"那一刻，蒙蒙妈妈心中充满了对杨小玲的感激："杨老师只是没有生她，说到付出，她操的心比我这个当妈的还要多。女儿交给她，我一百个放心。"

不离不弃，让每个稚嫩的心灵充满自信

聋哑孩子，往往有好强又自卑的双重心理。

舞蹈队的学生青平，是一位充满灵气、很有舞蹈天赋的女生。可是，她性格孤僻，谁对她好与不好，都记在了心里。一次训练中，她不认真的态度让杨小玲非常生气，严厉地批评了她。她扭头就走，杨小玲一把抓住她，她狠狠地瞪了杨小玲一眼，冲出了舞蹈室。

当时，杨小玲的眼泪唰唰地往下掉，觉得自己好委屈。"是我的方式有问题吗？"冷静下来，杨小玲悄悄找到青平的班主任和同学了解情况。一打听才知道，青平每月生活费只有 200 元，早餐经常只吃一个馒头。高强度的舞蹈训练，她体力根本跟不上。

杨小玲为自己的莽撞而自责。她主动找到青平，真诚向她道歉，请她继续学习舞蹈。以后的日子里，杨小玲经常从家里带好吃的给她补充营养。训练结束，杨小玲总会摸摸她的头，给她一个微笑、一份赞许……渐渐地，青平在舞蹈室里快乐了起来，也乐于和同学们交往了。高三毕业，青平以优异的成绩考入天津理工大学，并在大学毕业后到了广州一所职业技术学校任教。

后来，青平在信中对杨小玲说："是您给我插上寻梦的翅膀，是您让我找到追梦的自信,是您让我心里洒满梦想的阳光。敬爱的杨老师,无论走到哪里,我都要像您那样,继续这爱的接力。"

献身特教,播撒更多爱的火种

2009年秋天,杨小玲得到消息,她所在学校排练的舞蹈《楚风乐韵》有机会代表全省教育系统,去上海参加"全国中小学生文艺展演"。

这可是第一次与健全孩子同台竞技,机会难得。杨小玲和孩子们非常兴奋。离展演只有两个多月的时间了,得加紧排练。

11月29日,排练中,杨小玲正使劲跺脚,忽感脚下一软,跪倒在地。送到医院,她被确诊为左脚跟腱断裂。

比赛时间越来越近,杨小玲实在放心不下。坐着轮椅、打着石膏,她出现在舞蹈室,指导孩子们排练。看着老师辛苦的模样,孩子们在训练间歇会跑过来帮她揉揉胀痛的腿脚,有的孩子心疼得掉下了眼泪。

听不见音乐、听不到掌声,舞蹈队的孩子们用心的舞蹈表演超越了所有健全孩子的表演,捧回第一名。这一刻,他们觉得,付出再多的辛苦都值得。

2006年,杨小玲被借调到中残联艺术团工作。经过半年的艰苦训练,她带的B队成为艺术团一块响当当的招牌。一年演出70多场,去了10多个国家和地区,好评如潮。

中残联艺术团想把杨小玲留下来,承诺帮她解决后顾之忧,爱人工作、女儿读书都不成问题。"艺术团的学生离开我,一样有精彩的人生;跟他们比,学校的孩子更需要我。"一年后,杨小玲坐上了回武汉的列车。

杨小玲的热情也感染了其他同事,武汉市第一聋校陆续涌现出一大批市区骨干教师。培智班老师胡欣主动与她搭班,一搭就是4年;学校美术老师甘云山是残疾人,曾经意志消沉,是杨小玲激发起他对教师职业的热爱,并将100多名聋哑学生送进大学。

如今,武汉的10万教师成立了1000多个"杨小玲助残扶困小组",服务残疾困难学生和社会残障人士。"杨小玲特殊艺术工作室"还对广州、南京、深圳、宜昌等地区特教学校进行培训指导。

一辈子做学生的心灵导师
——记湖南大学文学院教授胡遂

42年教师生涯,她的课堂里永远是座无虚席;57载人生岁月,她的脸上总是阳光灿烂。

她的第一学历是初中,如今却是"985工程"高校湖南大学的博士生导师。她不是辅导员,不是班主任,也不是心理老师,更没有任何行政职务,但她的身边总是围绕着大批学生"粉丝",聆听她吟唱唐诗宋词,分享她的人生感悟,吸纳着她的正能量。

学生对她有许多尊称,如"美女博导""妈妈老师""湖大一姐""心灵导师""育人大师"。

"其实我就是一个普通的老师,传道授业解惑,热爱本职工作,热爱学生,享受工作带来的快乐,享受学生成长的幸福。"她这样定义自己。

她,就是湖南大学文学院教授、博士生导师胡遂。

不蒙祖训,授业解惑锲而不舍

胡遂是名门之后,她的先祖胡林翼与同是湖南人的曾国藩、左宗棠、彭玉麟并称为晚清四大"中兴名臣"。

"兵可挫,气不可挫,气可偶挫,而志终不可挫。"作为胡林翼的玄孙女,57岁的胡遂多年来努力践行先祖的教诲。

胡遂成长于"文革"年代,因为"读再多的书也要下乡",更因为父母年老要养家糊口,1971年,初中毕业才15岁的她,成了一名小学教师。

受祖辈影响和家庭文化熏陶,胡遂6岁前已遍读《唐诗三百首》《论语》《孟子》等,小学期间又读了《青春之歌》《牛虻》《钢铁是怎样炼成的》等大量优秀文学作品。如此扎实的"童子功",再加上身为教师的父亲殷殷赋诗相勉,"教育吾家事,怜儿燕翼新……训蒙方任重,养正贵谆谆",小学、中学、语文、数学、历史、政治,20岁前,年轻的胡遂就拥有了许多教师所没有的教学经历。

1977年恢复高考，爱读书的胡遂当然也跃跃欲试，但学校力挽，并送她去函授学习。以工作为重的胡遂，将大学梦暂时搁置。

"不行，还是要读书。"越读书，胡遂越觉得自己知识储存不够，她还是想上大学。那是1985年，她已结婚生子。

"还考什么大学，你的水平干脆直接考研。"从湖南师范大学毕业的丈夫建议。或许是丈夫和先祖名言的激励，她当真报考了湖南师范大学古代文学专业的研究生。

初中学历考研，这中间的知识鸿沟无疑像一道天堑一样阻隔着胡遂。要想成功，只有付出数倍于常人的努力。

最难的是英语。那时胡遂在一所小学做教导主任，白天要工作，下班后要做家务、带孩子，学习只能见缝插针。她回忆说，为了记单词，她常常把衣袖、裤腿卷起来，手背上、手臂上、小腿上到处写满单词。这样，给女儿喂奶的时候，洗衣服、洗菜的时候，她随时都能背单词。"规定自己每次记7个单词，太多了记不住，太少了又划不来。"对于往事，她仿佛历历在目。

苦心人，天不负。1985年9月，胡遂考研成功，师从著名教授马积高。毕业后她留校任教。2001年，她被调到湖南大学。2002年，已晋升为教授的她，开始攻读博士学位，师从河北大学著名教授詹福瑞。

从20世纪80年代起，胡遂以扎实的古文功底、广博的知识面和充沛的激情，在她热爱的大学讲台上，在全国各地的各种讲座中，为数以10万计的学生讲授中国古代文学史、唐宋文学、唐宋诗词研究、中国佛学与文学、佛教文献概要等课程，并主持了两项国家社会科学基金课题，撰写了多部学术专著与教材，在国家权威报刊上发表论文60余篇。课堂上，她总是以自己的经历、以先祖的名言激励学生。

"吃得苦，霸得蛮，耐得烦。"这其间，她还积极致力于对湖湘文化的整理、研究与弘扬，主持《胡林翼全集》的古籍整理工作。为了这项国家课题，她跑遍了北京、武汉、南京等地的多家图书馆，还多次深入益阳档案馆、家乡益阳赫山区泉交河乡等地，收集有关胡林翼作品的版本、善本、原始手稿、文物、家书和刻印本,哪儿有资料就立刻跑去哪儿。整理工作前后历时8年,目前全集基本完成,但还有作品尚未完全搜集到,这多少让她有点儿遗憾。

2007年,她受邀参加湖南教育电视台"湖湘讲坛"的拍摄,节目播出以后,广受好评。但没想到的是,也惹出了一场风波。她在讲述《风流儒将胡林翼》时,在节目中提到"胡林翼与两江总督陶澍的女儿成婚之后,仍流连于烟花之地……"这段短短3分钟的话,却被某媒体断章取义地提出来,受到网友指责,甚至被斥为"不忠不孝""有哗众取宠之嫌"。

胡遂不禁有些心寒。其实,这段话她本是从学术角度出发的,本意是要教育学生,任何人都不是完人,只要能改正错误,就能成为一个好人,可惜一些媒体却断章取义,颠覆了她的本意,折射出不应有的功利与媚俗。

风波未能阻碍她推广湖湘文化的脚步,2012年,胡遂又首倡"湖南九章"征集评选活动,以弘扬湖湘文化,受到了湖南省委的高度重视。征集评选活动历时两个月,最后选定9篇经典文章,包括屈原的《离骚》、范仲淹的《岳阳楼记》、毛泽东的《沁园春·雪》等,作为湖南向外界展示湖湘文化的高端名片。

做最受学生欢迎的老师

毫无疑问,胡遂的课是湖南大学最受学生欢迎的课之一,其火爆程度丝毫不亚于追星族对明星的追逐。

2001级学生戚家坦是胡遂在湖南大学教的第一届学生。如今回忆起来,戚家坦仍记忆犹新:下课后要赶到另一栋教学楼上胡老师的课,往往找不到座位,因为其他专业慕名来蹭课的学生早就把位置占满了。

博士生邢爽10年前读本科时第一次听胡遂的课,"就被她浑身上下洋溢着的智慧和才华所吸引",甚至"有穿越的感觉"。她说,听胡老师讲唐诗宋词,听老师低吟浅唱,大家好像回到了唐宋时代,眼前能浮现出盛唐气象、大宋画卷。"胡老师声音非常洪亮,底气特别足,唱诗诵词特别有古韵。"

同事牛海蓉老师是南京师范大学的博士后，也主讲唐宋文学，但她自认"比不上胡老师"。胡遂讲古诗词时，旁征博引，深入浅出，同时还结合当下的现实，使学生听得津津有味。在研究生面试时，有老师出题要求本科生背某某诗词，学生和主考老师都背不出，胡老师却能背得一字不差。

"在湖南大学，不听胡老师的课简直就是一种损失。""她是为讲台而生的人。""她讲课特别有情趣，豪放、婉约共存。"采访中，无数师生这样评价。

还有学生在网上这样写道："胡先生只教了我们一年的课，而为我班众生集体敬仰，算是特例。其实，细细想来，先生并未给我们留下什么印象深刻的事例，如深夜挑灯备课、带病坚持上课累倒讲台或者冒雨送生病学生去医院之类的动人事迹来让我们感动。但先生平和、淡定的人格魅力与坚持传道授业解惑的为师之道是我们最欢迎的。先生授课时常把唐诗宋词当茶来品，令人如沐春风。课余则更多地和我辈聊些闲散的话题，诸如做人、做事、做学问，虽然多是传统的经世致用之学，但对日后走上社会的人生道路的确受益匪浅。"

何谓麓山湘水精神？胡遂归纳为两条：一是独立的精神，二是开创的精神。唯有独立，才能守住自我；唯有开创，才能实现自我。胡遂认为，湘水畔的两个相距2700多年的文人身上熔铸了这两点，此二人便是屈原和毛泽东。屈原身上有一种"举世皆浊我独清，众人皆醒我独醒"的独立、桀骜精神，毛泽东身上则有一种"问苍茫大地，谁主沉浮"的舍我其谁的开创气概。

"感悟山水，儒释道三家各有其说。"胡遂将三家之观点一一列举，但每每分析之，她都是从中找出催人奋进之处：儒家生生不息的精神状态，道家"如婴儿之未孩"般的生命意境，佛家"故能与天和"的心静如水境界。

"这样的课堂，哪里是在读古诗词，分明是在做心灵按摩，是教育我们该做怎样的人，给我们以做人的目标、气度和境界。"学生黄涛在博客中写道,"默默体会麓山湘水精神的真正内涵,我们唯一能做的,便是秉承智者的灵气与伟人的坚毅,接过先辈们留下的写着独立精神与开创精神的旗帜,守住自我,扩展自我的生命天地,向新的时代迈出坚定的步伐!"

这样的课堂魅力从何而来

胡遂引述了《庖丁解牛》中的一句话:"恢恢乎其于游刃必有余地矣。"她说,教任何一门课,教师都要对自己有这样的一种要求,要达到这样的一种境界。

这样的境界,非等闲功夫能至。比如,吟诵古诗词,就穷尽了她一辈子的努力。中山大学教授董每戡先生曾住在胡遂家附近,少年时胡遂就跟从他学习了一段时间的唐诗宋词吟唱;读研时,又师从著名教授马积高等人,领会精义;在河北大学读博士时,听说古籍研究所的词曲学教授刘崇德将工尺谱翻译成五线谱,出版了《九宫大成词曲谱》,她登门求教。

而相对于名师传授,胡遂的"霸蛮"无疑更为重要。实际上,一直到后来读了博士,做了教授,胡遂还一直保持着考研时见缝插针的学习习惯。为背诵更多的古诗词,她总是将这些诗词用磁带录下来,然后在做家务时边做边听。后来电子技术发达了,她又找到一种软件,将电子文档转化成有声读物。"何以解忧,唯有MP3。"她对学生说。而用她先生的话说,"家务劳动成了课间操"。女儿20多年里印象最深的是,一觉醒来,妈妈总是在听什么。而胡遂自己则谦逊地说道:"10万首唐诗宋词,可惜我还只背得几千首,差得远呢。"

其实,胡遂的课堂魅力绝对不仅仅是其知识面的广博,更重要的是她对教育的热爱、对学生的负责任。她说,人生三大幸福,其中之一就是"得天下英才而育之"。她还说,"传道授业信可乐,富贵于我浮云走"。所以,她的课堂总是充满激情,总是将自己的人生感悟倾囊而出;所以,她的课听起来更像与一个个活生生的古人对话,感受着他们崇高的品质和精神,而不是死守在故纸堆里;所以,她在教学任务之外,还广开第二课堂,为学生开讲座,教学生如何为人处世,如何面对挫折,如何像青松一样有紧紧扎根在山岗的强大的内心。有时,胡遂一周有四五个讲座,校内外，省内外，以至于常常忙得"连驻足看看池塘里的荷花的时间都没有"。

让学生的生命绽放光彩

实际上，仅仅只是课堂魅力，胡遂还不可能被数万名学生评为"我心目中最敬爱的老师"。

"她最喜欢的是走近学生，与学生聊天，帮学生解惑。"湖南大学党委副书记唐亚阳说。

"从内而外自然流露着才情，生活得飘逸而诗意。""不是美丽，而是华美。"同事评价道。

"她像太阳一样，总是把温暖传递给我们。"学生感慨。

除了读书上课，胡遂还特别爱到学生中去。她笑着说，自己当过14年中小学老师，养成的这个习惯改不了。"16岁的时候，我还胆大包天地把全班学生领到岳麓山顶上的云麓宫睡了一晚上，看星星、月亮。"曾经有个学生得重病，只是任课教师的胡遂带着学生到医院看望他，并且组织学生捐款，自己也捐了1000元，最后筹到8万多元捐款。

胡遂还特别爱带着学生爬岳麓山听风，到湘江边赏月，寄情山水间，与学生探讨人生。学生王弯弯说，这种情景让她常常想起孔子与他的弟子。

一位曾经的学生，因为相爱4年的女友离他而去，伤心欲绝的他从工作地福州专门跑到长沙，"向老师讨求解脱良方"。胡遂将他领到湘江边散步，给他讲述佛典里的一个故事，劝慰他："你和她无缘，你们的结束也不是坏事。"她说，世界上万事万物都有一个兴衰成败的过程，"俺曾见金陵玉殿莺啼晓，秦淮水榭花开早。谁知道容易冰消。眼看他起朱楼，眼看他宴宾客，眼看他楼塌了……将五十年兴亡看饱"。师生说着说着，一人一句，吟起了《桃花扇》里的词句。

这样的事太多了。一位大三女生因失恋而痛不欲生，月光下胡遂陪她散步，上下五千年，眼前海内外，一个多小时这个女生还没什么触动，"爱上小河是因为没有见过大海"，最后围绕这样一句话阐述，学生心结顿解，而这句话也在微博上广为流传。

"童年时最深的记忆是做完作业后,出门一看,一客厅的学生,多是女生,哇,像开了一屋子的花朵。"女儿田田形容自己的妈妈"是所有学生的妈妈"。

确实,从教42年,走到哪儿,胡遂都是学生最好的朋友。她的心中除了女儿、母亲,最挂念的也是学生。她将学生接到自己家吃住,告诉学生自己家的住址、电话和电子邮箱,不论昼夜,有信必回,有访必接。

大约是十几年前,一个女生半夜来电话,说自己正站在岳麓山脚下的一座高楼楼顶,马上要跳下去。"妈妈骑上单车飞奔过去。"女儿田田至今仍记得这件事。如今,这个女生已结婚生子,生活幸福。

胡遂说,青春本就有一段躁动的时期,人人都不例外,加上现在社会价值多元,就业困难,学生的心理问题比较多。做教师的,关键是要给学生以信心、以鼓励。"我们常说人心有七窍,这其中有什么比信心更重要的呢?"她说,给他人以阳光,给自己以阳光,这就是积善,就是积德,就是生命的灿烂。

有感于要咨询的学生太多,2008年初,不太会打字的她在新浪开通博客,谈自己的人生感悟,回复学生的困惑,甚至包括宽慰父亲患有抑郁症的学生。迄今已发表博文100多篇,点击量达13万之多。

婷婷是研二学生,来自农村,家里比较困难。"老师把我当女儿一样。"婷婷说,隔三岔五,老师会偷偷给她一些零花钱;在网上买旧电脑发现还不错,又给她也买了一台;偶尔逛街买衣服,还会给她捎上一件。去年胡遂重病住院,婷婷和同学们去看她,胡遂还惦记着婷婷生病的妈妈,给婷婷妈妈买药,并送去营养品。

弯弯来自北方,南方冬季的湿冷让她实在受不了,没想到正发愁时,胡遂给包括她在内的16个学生每人送来一床小被子,还有一套暖手的东西,甚至贴心地找裁缝做了小搭扣。夏天,她又给他们送上小水壶。来自校方的统计:这些年,胡遂资助学生的款额总数已超过6万元。

"笑容,阳光,积极,正能量……老师,您就没有难过、不平的时候?您的负面情绪往哪儿去?"

"生不愿封万户侯，亦不愿识韩荆州。平生所愿二三子，从容结伴云山游。青春已暮应衰朽，犹自风华如锦绣。世人问我何良方，我有诗笔悬河口。传道授业信可乐，富贵于我浮云走。"

胡遂自作的这首题为《四十初度》的七言古诗，或许，就是答案。

崇高而淡泊的警院教师
——记重庆警察学院教授刘开吉

现年63岁的刘开吉，年轻时曾在西藏日喀则当过战术教官，此后长期在四川成都、云南等地的军事学院教学。1994年，刘开吉进入重庆警察学院从事教学工作。从教40年来，刘开吉始终坚持在教学一线。

既教书又育人，才是教授

"教学是大学的第一使命，也是大学的永恒使命。不教不授，不是教授；既教又授，才是教授。"长期以来，刘开吉将主要精力投到提高教育教学质量上，坚持站讲台，坚持在一线面对面教学，1998年至2012年底，他连续15年年均授课量达300学时以上。

在教学上，刘开吉遵循警察战术教学训练综合分层，专业化、系统化、规范化、良性循环化的特殊规律，采取"法律、战术、技术、心理、体能"五位一体的教学训练方法，按照优胜劣汰、适者生存的自然法则，采取情景模拟及案例教学等方法手段，让学生发现自身存在的问题，从而更好地解决问题，提升能力。

在教学方法与手段上，刘开吉因材施教，采取集中指导式、研讨式、答疑式、情景模拟式等教学方法，引导学生提出和发现问题，促进学生思考，形成问题意识。

为了做到与学生进行良好的沟通，刘开吉设身处地为学生着想。他充分利用课间休息时间与学生交流，了解学生的学习问题和生活问题，掌握学生的思想动态等。每次上课前，他会提前掌握学生的需求，以提高教学的针对性和目的性。每个学期结束后，他会进行一次无记名的民意测试，要求学生畅所欲言，提建议和意见，并对学生的建议和意见认真归纳分析，做到一一回复。他也通过短信、邮件等与学生进行交流，力所能及地给学生提供一些帮助。

由于刘开吉的教学方法灵活多样，注重引导学生自主学习，2004年，他创建的"警察战术实战教学训练模式"获重庆市教学成果二等奖。

热爱学生，从严训练

"平时多流汗，战时少流血。"警察是一个特殊的行业，警察教师对学生的真诚和爱心主要体现在对学生的严格训练和严格要求上。刘开吉从实战需要出发，从难、从严训练学生，做到战训一致、教养一致。一是根据实战需要确定训练内容，二是尽可能逼真地设置近似实战的训练环境，三是尽量多组织各种类型的对抗训练。

刘开吉认为，责任心是教师从事教育工作的首要条件，是教师职业道德的核心。在教育中，没有高度的责任心，就不会有教育的成功。作为一名大学教师，要有崇高的使命感，要肩负起教书育人这个重大的职责，否则只会误人子弟。此外，教师还要有强烈的职业责任感，这个责任不仅仅意味着要上好每一节课，还要为人师表，率先垂范，用自己的言行随时随地影响学生。教师要有奉献精神，要不断付出，即使这种付出可能没有回报，但是一刻也不能松懈。

刘开吉深知警察职业具有高风险性，警察和军人一样，是在用生命托起祖国的花好月圆，是在用热血浇铸人民的四季平安。警察是黑白世界之间的一堵墙，是除暴安良的正义化身，是调解纠纷的公正砝码，是扶危解困的侠义先锋。在和平时期，警察是为公众利益牺牲最多的一个群体。因此，打击犯罪、减少伤亡、爱护学生、珍视生命是警察教师的天职。"导之以诚，尽力而为，让学生每天能高高兴兴上学、平平安安回家，这一切全赖于警察教师所付出的努力和授予之技能与战术！"通过爱心守望，刘开吉与学生真诚同行，一起成长，也赢得了学生的崇敬和拥戴。

走出象牙塔，寻求实用之用

为了提高自己的教学能力和教学水平，更新自己的知识结构，刘开吉付出了常人难以想象的艰辛。他从事警察院校教学工作以来，20年如一日，不分上下班，不分节假日，晚上几乎没有在12点以前睡过觉，可以说是尽职、尽责、尽心，全身心、全方位投入到教学科研工作当中。而今，他已经取得了3个国家级、5个省部级教学科研项目成果和其他学术成果。

对于许多大学教师来说，服务社会的途径主要还是传承文化、培养人才和发展科学，以传播和创造有用之学，培养和塑造有用之才。但是，警察学校具有自己的特殊性，刘开吉将走出校园、服务社会作为重要职责，依托专业优势，与时俱进，走出象牙塔，寻求实用之用、科学之学和发展之学，使得教学与研究内容更好地服务于社会的进步、科技的发展和人们的幸福。1998年至2013年，刘开吉走出校园，培养培训各类在职民警两万余人次，培养培训公安机关实战教官近千人，使教学研究内容直接服务于公安实战，为平安中国建设和确保人民安居乐业、社会安定有序、国家长治久安做出了自己的贡献。

"警察教师之业，神圣而悲壮；警察教师之梦，崇高而淡泊。"回顾自己40年的从教之路，刘开吉直言，学生的理解是对他的安慰，学生的收获是对他的嘉奖。

追求教育的核心价值
——记陕西省商洛中学教师刘占良

刘占良，现任陕西省商洛中学副校长，中学数学高级教师，商洛市高中数学学科带头人，曾获"陕西省师德标兵""全国模范教师"等荣誉称号。

立人以德，用爱心诠释敬业

刘占良1981年参加工作。30多年来，他始终坚守在教学一线，把"学高为师，身正为范"作为座右铭。对于教育的使命，刘占良有更深刻的理解，他坚持把爱作为教育的核心价值，将以德立己、以德立人的思想贯穿于教育教学工作的始终，用自身言行催发学生道德品质的升华，以启发、诱导、促进学生知识能力的提高。

刘占良深知山区学生求学不易，因而在教育教学过程中，他对学生倾注了火热的爱心。在他的眼里没有"差生"，学生只是在认知、情感、态度上有差别。为了促使班级整体健康成长，在座位安排上，他让自制力不同、学科兴趣不同的学生相互搭配、互帮互学，有效地提高了班级整体的管理水平和学习质量。

刘占良把爱心撒播到学生们的心田。一名学生进入高三时，父亲突然病故，家里经济困窘，这名学生面临辍学。刘占良了解这一情况后，多次温言细语地安慰这名学生，并倡导全班学生为其捐款，帮助他渡过了难关，并顺利地考入西安石油大学。还有一名学生因学习用功、疲劳过度，晚上11点多晕倒在教室，人事不省，刚进家门的刘占良接到电话后急忙返回教室，背上该学生去医院，掏钱给学生看病。

有一次，一名学生因与父母争吵而离家出走。刘占良得知此事后，与两名教师一起在寒冷的冬夜一家家地拨打电话，挨个地查旅馆，直到夜里两点多才在东郊一家网吧内找到了该学生。在刘占良的耐心教育下，这名学生终于与父母回家，家长为之深深感动。

刘占良对家庭贫困学生也是关爱有加。他看到有些学生衣衫单薄、用功苦读的身影时心疼不已，率先在支部会上提议党员与贫困生结对子，倡导全年级师生捐款捐衣。他还积极与商洛中级人民法院民事审判第三庭的法官联系，促成他们与10名学生结成长期帮扶对子，改变了这些学生的生活状况。他经常给经济困难的学生买棉衣、买鞋袜，看到体弱多病的学生难以支撑时，他还买来水果和奶粉。

立业以勤，用执着诠释高效

在30多年的教育教学生涯中，刘占良一直从事中学数学教学和研究工作。他不仅积累了丰富的教学经验，而且形成了独具魅力的教学风格，成为学校数学学科教学的领军人。刘占良的教学以培养学生的数学思维为核心，以激发学生的创新思维为目的，课堂上注重培养学生的思维能力，充分调动学生的积极性，放手让学生去做、去说、去想，真正体现了学生是课堂的主体。每逢他上课，学生们都精神集中、思维活跃，他们说："听刘老师的数学课，是一种莫大的享受！"

刘占良曾有 5 年初中数学教学的经历。1986 年，学校安排他担任高中数学教学工作。第一轮高中教学的 3 年间，他虚心向老教师学习，并认真研读与教学相关的著作。3 年里，他书写了 12 万字的学习笔记。此后，他致力于教学方法的探索和实践，逐步成长为学校数学骨干教师和学科带头人。通过积极的探索和研究，他把数学课分为概念型、探求型、习题型和讲评型四类，辅以相应的"导、议、讲、练"步骤。数学教研组以此为经验在数学教师中推广应用。

刘占良当数学教研组长和高三备课组长时，结合山区学生实际，在数学基础知识和数学思维方法方面归纳总结出"两条线复课法"和"滚动分层练习法"，以提高学生对数学问题的感悟能力和练习实践能力。

在担任学校教务主任期间，尽管事务繁忙，刘占良也一直坚持带两个班的数学课。即使担任学校教学副校长之后，他依然坚守教学一线，把教学作为立业之本。

立言以精，用钻研诠释智慧

刘占良酷爱研究，善思考，勤实践。1990 年，27 岁的他就担任了学校数学教研组组长。在教学之余，他悉心研究教材、研究学生、研究教法，把研究作为教师自我成长的根本途径，积极推广教育教学新方法。

1990 年至 1995 年，刘占良在学校推广上海"青浦经验"，其实验报告《大面积提高初中数学教育质量的试验》获省级论文一等奖。他倡导在教研组内每人每学期上好 5 节"数学活动课"，探索提高学生数学学习兴趣的方法。在他的带领下，数学教研组开展教科研活动蔚然成风，有力地促进了教学工作。刘占良还特别注重对青年教师的培养，经常组织他们学习新的教育理论，分析、掌握新的教学方法，从教案书写、教材分析、方法运用等方面给予指导，使青年教师能够迅速独当一面。

教研源于教学，服务于教学。刘占良在长期的教学、教研活动中，探索总结出为"学"治"教"、抓"纲"务"本"、以"练"促"能"的思想，把教学与教研紧密结合，使教师的"教"和学生的"学"都有了明确的方向。这种做法由数学教研组推广辐射到其他教研组，促进了市内各重点中学的教学教研工作。1998年至2001年，他主持了省级教研课题"数学教学中发挥学生主体作用的实践与研究"；2004年至2006年，他主持开展了商洛中学教研中心安排的"现代技术手段在立体几何中的应用"实验研究；2008年至2009年，他参与了陕西省"课程改革环境下高中学生学习状况调查及制度保障"研究；2007年，他参与了国家"十一五"重点规划课题"提高课堂教学实效性策略研究"。其研究成果在全省乃至全国都产生了广泛影响。

实施新课程以来，刘占良负责学校新课程组织实施的具体部署安排，坚持以校本教研为重点、以优化课堂实效为立足点、以优秀教学案例为突破口的新课程实施思路，并在实践中探索、总结出了"1234"实施策略，即"一个中心""两个重点""三个转向""四个注重"。

"一个中心"就是要求每位教职工全面理解和把握"以学生为本"的核心理念。

"两个重点"就是围绕人才培养模式的创新，以优化课堂实效为立足点，以促进学生全面发展为落脚点。他优化课堂教学实效，带领广大教师开展"每周一课"教研活动，锤炼课堂教学内容的精度、教学方式的细度、课堂容量的密度，使课堂教学更具针对性，更有实效性。

"三个转向"就是通过建立完善的校本教研体系，以集体备课、公开课和课题研究为实施平台，努力实现教师的教育思想由"应付型"转向"责任型"，工作能力由"经验型"转向"科研型"，教学方法和途径由"传统型"转向"创新型"，进而提高教师的教学能力、科研能力和教学质量。

"四个注重"指的是注重学生主动探究，塑造和构建学生在学习过程中的主体地位；注重学生亲身体验，使学生的感性认识和理性认识能够相互转换；注重教学活动基础，使学生的智力因素和非智力因素相互协调；注重教学活动背景，使学生的课内学习与课外现实生活能够连接起来。

在刘占良的组织协调下，学校各教研组共开发出 48 种校本课程，涉及的面很广，其中很多课深受学生欢迎。学校教师制作的多媒体课件、教学设计有 44 件（篇）获得省级表彰奖励；在市教育局连续两年组织的新课程培训活动中，每学科都有学校教师为主讲人；有 12 篇教案、论文被采纳编入市教育局教研室编写的新课程培训资料；有 18 名教师在市级新课程示范课中获奖。2007 年 10 月，学校承办了"西安—商洛高中新课程研讨交流活动"；2008 年 4 月，学校接受了省新课程专家视导组的检查；2010 年 10 月，省教育厅新课程调研组来学校调研，对学校新课程实施的做法和效果给予了高度评价。学校先后被授予"陕西省校本教研示范校""科研兴校明星学校""陕西省学习科学研究与实践先进单位""陕西省教师专业发展与教育资源研发基地学校"等荣誉称号。

立功以诚，用拼搏铸就辉煌

2007 年 8 月，刘占良担任商洛中学教务处主任，主管学校理科教学、新教师培养和年级的常规管理工作。

当教务处主任，他首先从教学环节入手，以谋求最佳教学效果。他主持修订了学校日常考试检查制度，对教师的备课、作业批改、辅导检查等诸多环节在质量和数量上做出了具体要求。对新教师的培训工作，他提出"一年上路，两年适应，三年挑大梁"的培训目标，组织老教师与新教师结成"青蓝"对子。联合教研组、年级组，定期组织多层次的汇报课、研究课、示范课，举行全校性的教学能手赛教活动，促进新教师尽快适应高中教学。他每学期都要安排时间去听课，及时发现并解决新教师成长中的新问题，帮助新教师迅速、健康地成长。

2011 年，刘占良担任负责教学工作的副校长，更是把全部精力投入学校教学管理的方方面面中。他多次带领年级管理干部和青年班主任赴外地考察交流，学习借鉴高效课堂教学模式和管理模式，主持研究并制订了商洛中学高效课堂实施方案，编印《商洛中学高效课堂实施研修资料汇编》，组织开展系列培训，积极启动实施高效课堂教学模式。在高效课堂教学模式的带动下，学生的综合实践能力、创新能力不断提高。2012 年，学校组织师生参加商洛市科技创新大赛并获得好成绩,共有32件作品获奖,学校荣获省、市优秀组织奖。

优秀高尚的师德修养、娴熟精巧的教学方法、严谨细致的教研作风、科学有效的管理措施,使刘占良深受学生的欢迎、同人的尊重和社会的赞誉,成为被校内外广泛认可的"金牌教师"。

为孩子播下幸福的种子
——记甘肃省兰州市实验幼儿园园长刘志

刘志,2002年被评为兰州市教育系统师德先进个人;2007年、2011年先后被评为兰州市教育系统优秀共产党员、兰州市优秀党务工作者;2012年,荣获甘肃省"园丁奖",受到甘肃省委、省政府表彰。

爱我所做、做我所爱,以良好的职业形象,诠释新时期幼儿教师良好的职业道德

1987年,刘志从西北师范大学学前教育专业毕业。作为一名优秀的本科毕业生,是到师范学校做一名得心应手的教师,还是到幼儿园做一个自己也难以想象的幼儿园教师?这是她职业生涯的一次重要选择。在兰州市实验幼儿园老园长的再三努力下,她最终选择到兰州市实验幼儿园做了一名幼儿教师。

刘志是那一届西北师范大学学前教育专业唯一到一线幼儿园任教的毕业生。这一干,就是26年。她从一名普通的幼儿园教师,成长为一位优秀的幼儿园园长,她带领着她的团队,以专业的精神,实现着办理想幼儿园的梦想。

多少年来,她每天总是第一个到幼儿园,最后一个离开幼儿园,深入班级了解孩子们的饮食、午休、教育教学活动开展情况。她最喜欢做的事情就是与孩子们一起聊天、做游戏,幼儿园所有孩子的名字她几乎都能一一叫出来。她了解和掌握了大多数孩子的特点,在与家长沟通时,常常给他们一些好的育儿建议,赢得了广大家长与同行的尊敬和爱戴。工作中,她努力坚守教育的原则,怀着一份自然、朴实、宽容的情怀,倾听来自孩子们心底的声音，努力把幼儿园建成一个多姿多彩的生态园，让孩子们像幼儿园中的山楂树一样沐浴着阳光雨露，自由、自信、饱满地成长。

在幼儿园曾流传着一个每天找园长谈话的孩子的故事。小班新生入园后，一个小男孩引起了刘志的注意。他叫宣宣，与别的孩子不同的是，他不像其他孩子一样大哭大闹，只是每天在幼儿园的门口拉着奶奶的衣服，哭哭啼啼不进幼儿园，好不容易让老师抱到班上，也总是哭个不停，老师们对他毫无办法。这天，刚好刘园长进班看到这一切，便领他来到了园长办公室，放在自己办公桌对面的椅子上，与他面对面聊了起来。当孩子的情绪基本稳定下来以后，刘志拿出一个在农村支教时孩子们送给她的香包送给他。看到漂亮的香包，孩子高兴了，紧张的情绪也放松下来了。刘志趁机与他约定，如果第二天他能高高兴兴地来幼儿园，可以再送给他一个香包。

第二天早上，刘志站在幼儿园门口。当宣宣照例拉着奶奶的衣服哭丧着脸来到幼儿园时，刘志马上走过去抱起他说："噢，宣宣今天真不错，高高兴兴地来上幼儿园了，那好吧，我们去拿香包好不好？"来到办公室，刘志把他放到椅子上，拿出一堆香包，让他挑选自己喜欢的，并与他饶有兴趣地聊天。看到他的情绪稳定了，就对他说："我们去看看别的小朋友在做什么，早饭有没有好吃的，好吗？"宣宣立刻拉着刘志的手来到班上，高兴地去参加班上的活动了。

第三天早上，由于忙于处理公务，刘志没到班上查班，快到吃早饭的时候，老师领着哭哭啼啼的宣宣来到园长办公室，对刘志说："宣宣想要找您。"刘志马上放下手中的工作，让老师回班照顾其他孩子。宣宣自己坐到园长对面的椅子上，絮絮叨叨地对她讲着自己的事情。就这样，宣宣每天进班的第一件事情，就是要求带班老师将他送到园长办公室，和园长"谈谈心"。为了安抚孩子的情绪，老师们只好每天送他到园长办公室，刘志依旧耐心地与他聊天，依旧会让他选一个香包，然后送他到班上参加活动。宣宣的情绪就这样一天天稳定下来，也愉悦起来。于是，宣宣每天找园长"谈谈心"，成为幼儿园的趣事。带班的年轻老师也很好奇，不知宣宣每天都和园长谈些什么。

　　日子就这样一天天过去了，大家也习惯了宣宣每天早上要到园长办公室与园长"谈谈心"。大约十多天后的一个下午，离园的时间到了，宣宣的奶奶领着他来到了园长办公室，奶奶从包里掏出一堆香包，问刘园长是不是她送给宣宣的。刘志给奶奶肯定的答复，宣宣脸上露出自豪的笑容。从那天之后，宣宣再也没来过刘园长的办公室，但他每天都高高兴兴地来幼儿园，和其他小朋友在一起开始幼儿园愉快的生活。

　　安安静静、扎扎实实，以执着的职业精神，让孩子们拥有快乐的童年

　　走进兰州市实验幼儿园，首先映入眼帘的是园中三棵茂盛的山楂树，它见证了实验幼儿园20多年的发展历程，很好地诠释了实验幼儿园的办园理念——为孩子播下幸福的种子，让他们拥有甜美、快乐的童年。秉承这样的办园理念，在幼儿园的发展过程中，刘志带领她的团队超越功利，面对形形色色扑面而来的教育方案，她大胆质疑，自觉用教育的眼光关爱孩子，构建美好的教育生活，保卫孩子的童年，为他们的幸福人生奠定基础。

　　每年的六一儿童节是幼儿园最隆重的节日。如何让儿童节真正成为孩子们自己的节日，是刘志经常思考的一个问题。她组织全园教师开展了调研活动，认真倾听孩子们的心声，最终确定了"实验幼儿园的孩子，在园3年要过3个不一样的儿童节"，即"六一童话节""六一合唱节""六一民间游戏节"。

　　"六一童话节"是让父母和教师共同为孩子演出精彩的童话剧；"六一合唱节"是让父母和孩子一起演唱优秀的童谣；"六一民间游戏节"是让父母和孩子一起表演传统的民间游戏。与众不同的活动，给孩子们留下了难忘的体验，给家长们留下了无痕的教育与改变，也得到了老师们的信任与支持。

　　提升自我、成就教师，以专业的职业态度，享受教育带来的快乐与幸福

　　在幼儿园任教初期，刘志也经历了从理论到实际保教工作的转变和适应过程。她勤于学习与思考，注重磨炼、提高自己的业务能力。26年来，她从一名普通教师到担任幼儿园年级组长、教研组长、保教副园长、园长，一步步成长起来。担任园长以后，她以自己扎实的幼儿教育专业理论知识，凭借多年积累的丰富的教育教学经验，坚持组织开展幼儿园保教工作的实践、探索与创新，以教育科研促进教师的专业化成长，把提高青年教师的业务水平作为重要任务来抓。

2008年，刘志主持开展的省级重点课题"建立家长与幼儿园有效互动机制研究"，分别获得甘肃省、兰州市第七届基础教育优秀成果一等奖。2010年，她主持研究的课题"园本教研机制与方法的探索"，获甘肃省教育学会幼儿教育专业委员会课题研究二等奖。在省教育科学研究所的牵头下，她与北京师范大学的专家合作，组织全园骨干教师参加编写《甘肃省幼儿园快乐与发展课程》资源包，通过审定并出版使用。2011年起，刘志受聘担任西北师范大学等院校的国家级培训项目主讲教师，毫无保留地将自己多年积累的幼教经验分享给同行。近年来，作为"国培计划"甘肃省优秀一线专家，刘志多次走进"国培""省培"课堂，为幼儿园园长、教师传授管理经验和保教经验。

注重内涵、开放办园，以开放的职业情怀，发挥实验幼儿园的示范、引领和辐射作用

刘志担任园长以来，带领实验幼儿园全体教师，以"办人民满意的幼儿教育"为目标，坚持以人为本、促进幼儿全面健康发展的办园新理念，把文化作为凝聚和激励全体教职工的精神力量并形成巨大的内驱力，推动幼儿园可持续发展。

她组织领导班子及全体教职工共同谋划幼儿园的发展蓝图，讨论制订了《兰州市实验幼儿园"十二五"教育事业发展规划》《兰州市实验幼儿园园所文化建设纲要》《兰州市实验幼儿园教育科研发展规划》等，以全方位提升幼儿园的办园品位与品质，为每一位教职工的成长发展搭建平台。

在完成本职工作的同时，刘志充分发挥省级示范性幼儿园的引领、辐射、带动作用，积极承担对农村幼儿园的对口帮扶工作，真心实意为帮扶幼儿园出谋划策，手把手地指导和开展各项工作，从而使对口帮扶幼儿园的办园质量有了根本性的改变。她还心系民族地区和贫困地区的幼儿教育发展，多次率领实验幼儿园骨干教师赴甘南、定西等地开展支教活动，为当地幼儿园的教师举办专题报告，受到了幼教同行的一致好评。

格桑花只为信念而开
——记青海省海北州门源县第二中学高级教师孔庆菊

孔庆菊，一位农家出身的中学藏族女教师，为了当地各民族的学生受到良好的教育，在青海省最北端的祁连大山中坚守三尺讲台，默默耕耘了20个春秋。

在孔庆菊的教学生涯中，不仅有执着的爱和坚守，还有积极的进取和创新，她努力学习先进的教学经验和教学方法，不断探索教育规律和民族教育发展的新模式，总结出了一套适合贫困山区民族教育特点的教学方法和教学经验，为当地民族教育事业做出了突出贡献。

坚守是为了一个崇高的信念

"教师职业是我自小的选择，我的一生也只想做一件事，就是做一名合格的人民教师。"这是孔庆菊对少数民族贫困地区教师这个崇高但又清贫的职业的信念。

1989年，中学毕业的她选择了就读师范专业，1992年完成学业后就开始从事教育教学工作。20年来，虽然曾经有过从事公务员或其他工作的机遇，但孔庆菊都放弃了。在当初选定的这条路上，她愿意一直走下去。

20年的坚守中，孔庆菊不知放弃了多少休息时间和节假日，超负荷地工作着，高海拔苦寒的条件和艰辛的工作使她过早地长出了白发。

孔庆菊所带班级曾多次被评为先进班集体，近百名学生受到过省、州、县级各种表彰奖励。她个人也先后被授予"全国五一劳动奖章""全国优秀教师""青海省十杰教师""青海省教学能手""海北州教学能手"

"门源县教学能手""门源县三八红旗手""门源县优秀班主任""门源县优秀教师"等90多个荣誉称号，并当选为海北州人大代表、门源县政协委员。

追寻是为了一个永恒的目标

多年来，孔庆菊不断丰富和提高自己，主动争取学习机会，先后十多次参加省内外各种培训，而且通过自学先后取得了汉语言文学专业专科和本科学历。面对素质教育和新课程改革对教师提出的更高要求，她系统地学习、掌握课改理论知识，在学用结合中撰写的《多给学生一点赏识》《浅议作文教学中的想象和联想》《点燃学生兴趣之火，加强学生素质教育》《这样的语文老师最受学生欢迎》《培训是献给老师最好的礼物》《我们班多了一个特殊的语文学习小组》《浅谈七年级上册语文教学设想》等论文，在国家、省、州、县级刊物上发表或获奖。2011年，她还被抽调到省里参加了初三毕业升学考试语文试卷命题工作。

在课改实践中，身为课改教研组长的她为顺利推进学校新课程改革工作进程，始终把提高思想认识和课改理论水平作为教研组工作的立足点。她经常组织课改组教师在课余时间学习课改理论知识，认真领会课改精神，精心撰写心得体会，多次举办以教改为内容的学习专栏，及时开展专题研讨，有效提高了实验年级教师对课改的认识，为课改的深入推进奠定了基础。

在课改中，孔庆菊曾多次主持州、县、学校的培训工作，先后承担的示范课、优质课受到了上级领导和同行们的认可。在提高课改质量上，她通过集体备课、听课、评课，共同研究教材教法，对青年教师进行传、帮、带，帮助他们提高课堂教学艺术，在全校营造出了良好的教改氛围。经过多年的摸索和创新，门源二中的课改工作走在了全县的前列，被评为"全州课改先进学校"。

奉献是为了一种美德的播种

孔庆菊师范学校毕业后，被分配到了一所乡村中学任教。在艰苦的环境里，与学生有着同样经历的她很快与学生们结下了深厚的友谊和感情，许多困难家庭的孩子因得到她的资助而完成了学业，一批批学困生在她的悉心教育下步入了学优生的行列。藏族人认为，格桑花是最美丽的花，也是幸运花。因此，孔庆菊被家长们亲切地称为"格桑花"。孔庆菊这朵人们心中的格桑花，不但带给孩子们花朵一样灿烂的心，还带给他们完成学业，成为对社会有用的人才的幸运。

1997年，孔庆菊因工作出色，被选调到了门源二中。刚到学校，她就接手了一个多次更换班主任和任课教师的班级。班里有一名学生因抽烟喝酒、惹是生非而闻名全校，孔庆菊没有放弃这名学生，而是用人格的魅力和无私的爱心感动着他。最终，这名学生转变成了一名学优生，并且顺利地升入了高中，这个班级也成为优秀班级。

有一名学生，来自河南，父母在山西临县打工，她和奶奶一起生活，父母把她托付给孔庆菊。从此，孔庆菊在做好一个老师的同时，开始扮演起妈妈的角色。还有一名学生，母亲早逝，父亲是下岗职工，还有一个弟弟在上小学。这名身处困境的学生曾多次辍学。孔庆菊看在眼里，急在心中，多次从自己微薄的工资中拿出钱给她买衣服和学习用品，帮她克服生活的困难，并坚定了她生活的勇气和信心，使她重新体验到了失去已久的母爱，最终顺利完成了学业。还有一名寄宿学生，来自边远山区的贫困农民家庭，从小体弱多病。孔庆菊承担起了母亲的责任，经常带他看病，请他到家里吃饭，甚至有几次让他住在家里并悉心照顾。孩子的父母知道后，泪流满面、万分感激。

针对当地学生辍学问题时有发生的情况，孔庆菊多次到学生家中劝说家长送孩子上学。对于家庭有困难的学生，她除了自己尽力资助外，还以州人大代表和县政协委员的身份呼吁社会和有关部门给予帮助。一名女生性格内向，身体孱弱，家境贫寒，两个弟弟也在读书，加上她患有先天性心脏病，父母多次想让她放弃学业。孔庆菊了解到这一情况后，多次到其家中，苦口婆心地给她的父母做思想工作，并联系有关方面解决她的家庭困难，终于使她又回到了学校。初中三年，每当这名学生生病时，孔庆菊都会放下手中的工作，带她入院治疗并为她垫付医疗费用。2011年，这名女生终于以优异的成绩考入了大学。

上述这样的事例在孔庆菊20多年的教学生涯中不胜枚举。她的良好品德得到了社会的公认。2008年，孔庆菊被推荐为"青海省师德师风报告团"成员，在省内各州县进行巡回报告。20年岁月，祁连山下这朵藏家格桑花，将2000多名各民族学子培育成才。大爱无疆，智慧也在爱心中迸发。孔庆菊就这样用自己的行动，诠释着一位乡村女教师的灿烂人生。

扬帆职海，卓立潮头
——记新疆农业职业技术学院教师丑武江

他以仁爱之心与学生相处，对学生的爱无限延伸。他没有英雄壮举，但在传授知识和技能的过程中彰显功力；他没有豪言壮语，但在献身于职业教育的追求中孕育春天！他就是新疆农业职业技术学院动物科技分院院长丑武江，一个善于打破常规、对创新充满激情的人。

打破常规办昌吉畜牧学院

在新疆大力发展现代畜牧业，加快传统畜牧业向现代畜牧业的转变进程中，人才短缺已成为制约发展的瓶颈。

2003年，新疆农业职业技术学院提出为昌吉回族自治州畜牧业大发展培养"百千万畜牧人才"的计划，决定用5年左右的时间为昌吉回族自治州培养百名掌握高级畜牧专业知识和技能、具有创新精神、懂经营会管理的高级人才；培养千名熟练掌握畜牧业专业知识和技能的技术应用型人才；培养和培训万名畜牧从业人员。这一想法正好与昌吉回族自治州的人才发展战略不谋而合。

作为具体承担培训任务的动物科技分院院长，丑武江认识到，仅靠新疆农业职业技术学院难以完成这样一个庞大的工程，必须集政府、行业、企业、学院之合力。由此，便催生了一个新的办学共同体——昌吉畜牧学院。2003年，由昌吉回族自治州政府牵头，新疆农业职业技术学院动物科技分院、昌吉回族自治州畜牧兽医局、11家畜牧龙头企业共同组建了昌吉畜牧学院。昌吉畜牧学院实行办学理事会领导下的院长负责制，由丑武江担任常务副院长，主持日常教学工作。昌吉畜牧学院的创办，构建了一个政府牵头、行业指导、企业参与、学院实施、多方受益、互惠多赢的平台，第一次把政府、行业、企业与高校紧密地结合起来，让政府、行业、企业真正参与到人才培养的全过程中，实现了企业需要什么样的人才，学院就培养什么样的人才的愿望。

昌吉畜牧学院办学理事会成立以来，由最初参加的11家畜牧龙头企业发展到56家，并按专业方向成立了养牛理事会、养羊理事会、养猪理事会等8个理事会分会，涵盖了养殖业的整个产业链，为大中型畜牧企业输送了1500余名高职毕业生，为昌吉回族自治州、县（市）、乡、镇培训三级畜牧从业人员近8000人，畜牧兽医技术骨干700余人；每年为基层培训春秋季防疫技术人员500人，培训家畜繁殖高级技术人员1100名。

丑武江兴奋地说，这项工程的实施将有力地推动昌吉回族自治州农业产业化结构调整和现代畜牧业发展。

把课堂直接搬到企业

毕业于新疆农业大学畜牧兽医专业的丑武江，主要给学生们教授养牛技术、养猪技术、家畜繁育、家畜解剖与生理等课程。多年来，职业技术学校培养人才的传统教学模式是"三阶段"教学模式：先上文化基础课，再上专业基础课，最后上专业课。在教学过程中他发现，"黑板上养牛，课本上种田"这种重理论、轻实践的传统授课方式造成职业教育与生产实际不接轨，培养的学生难以适应企业和市场的需要。如何解决这个问题呢？

面对一张张稚气的脸庞、一颗颗热烈跳动的求知之心，丑武江心急如焚。如何优化教学内容，培养学生的应用能力，全面提高学生的综合素质的难题摆在了丑武江和他的同事面前。

经过深入调研，2002年初，丑武江提出了新的教学理念——让学生到企业去上学，也就是把学生放到企业去培养。学校和企业共同研究培养人才的课程体系，共同研究、开发培养人才的教材，共同选定培养高技能人才的师资，共同实施高技能人才的培养计划，共同寻找学生就业渠道。学生边学边干，在企业内部学习成长。这样一来，就解决了理论学习与生产实际脱节的问题。

对于这种人才培养模式，刚开始也有一些人不理解。按照传统观念，学生应该在学校学习，怎么跑到企业去了？这样能培养出合格的学生吗？面对疑问，丑武江当时压力非常大，但是他想，学校培养学生的最终目的是什么？就是要把学生送出去，送到工作岗位上。丑武江对学生们说："我们要用实践来证明，我们办的是'金牛班'，不是'草牛班'！"

就这样，2002年秋季开学，动物科技分院养殖专业的24名大学生进驻新疆金牛股份有限公司奶牛养殖场，把课堂直接搬到企业。作为职业教育的一种全新的办学模式，"金牛班"就此诞生！

"金牛班"的理论课与在学校课堂上的理论课教学方式完全不同。"金牛班"教师通过三种方式对学生进行理论教学：一是问答式，即教师随时随地结合理论解答学生在实践中遇到的问题；二是专题式，即教师结合理论知识就学生在实践中遇到最多的问题进行专题讲授；三是每天晚上学生完成白天的实践后，教师进行两个小时的理论知识讲授。在企业，实践课和理论课交替进行，学生的实践技能很快得到了提升。

这种"工学融合"的教学模式提高了学生学习理论的积极性。"金牛班"毕业的姚兵文深有感触地说："'金牛班'给我们创造了一流的实习条件，为我现在的工作奠定了扎实的基础。"他现在负责石河子143团和沙湾片区大约3000多头牛的饲料开发和疫病防治工作。

将教学班办到企业还让学生受到了企业文化、职业道德和认识社会等非技术能力的熏陶和培养。回族学生马超现在已经是北京一品功夫食品有限公司新疆分公司片区经理。他说："在'金牛班'，我学到了书本上学不到的东西，这让我终身受益。"

通过大家的不断努力和不断完善，3年后，24名大学生高质量地对口就业，其中有6名成了厂长助理，其他学生都是主治兽医和主要岗位上的技术人员。《中国教育报》于 2003 年 6 月 18 日在头版以《"零距离"办学理念》为题报道了"金牛班"的办学之后，又两次跟踪报道了"金牛班"的办学情况。

如今，畜牧兽医专业"工学融合，在企业中办学——'金牛班'"人才培养模式已成为新疆乃至全国职业教育办学模式创新的一个标杆。

丑武江从开办"金牛班"的成功实践中得到启示，在此基础上，他先后与企业合作，开办了以企业名称命名的"泰昆班""天康班"等"订单班"。这些"订单班"成为学院加强校企合作、推进"订单"培养、不断深化人才培养模式改革的一张靓丽名片。动物科技分院的 2000 多名学生中，70%的学生都参加了校企合作班。这些学生毕业后不用自己找工作，可直接在实践学习企业就业。

到目前，畜牧兽医等专业的毕业生就业率达到了 100%，有的单位还为看中的人才打起了"争夺战"。300 多名学生学有所成，在新疆畜牧兽医战线上发挥着重要作用。这种旨在实现"专业设置与社会需求零距离、学生学习与岗位零距离"的职业技术教育模式受到了教育部的充分肯定和高度重视，已在全国许多地方推广。

"三位导师制"提升学生职业道德

面对职教模式创新获得的成功，丑武江始终保持着清醒的头脑，他说："教育不仅仅是教知识、技术，更重要的是在这个过程中提高学生的道德素养，让学生学会做人。"丑武江明白，在职业教育中，不能忽视学生的思想政治教育。

他从教 24 年，曾经长时间担任班主任，对学生的管理和思想政治教育工作，丑武江有着自己的独特方式。他认为，学生的思想品德是在良好、健康的人际环境中耳濡目染、逐渐养成的。学高方可为师，身正才可成范。如果自己只是学生知识、技术上的导航者，不是道德修养方面的领路人，再好的职教模式也无法可持续发展下去。他是这样说的，也是这样做的。丑武江帮助学生制订学期计划、年度计划、职业生涯规划，将大目标细化为每一天的小目标；同时，他把自己的学习计划、学习目标向全班学生公布，常年坚持与学生一同上晚自习，在与学生肩并肩的努力中一起品尝收获的快乐。在日常的学习、生活中，他时时提醒自己、提醒学生，要养成良好的学习、生活习惯，要做一个有高尚道德修养的专业技术人才。

但这样就够了吗？丑武江把视野放大到了学校之外的企业实习生身上。实践教学比重大，学生有一年左右的时间在企业一线度过，是职业教育的一个重要特征。与此同时，在实践教学过程中，思想政治教育工作又往往成为空白。经过努力，丑武江在实践教学中建立起了"三位导师制"，即学校班主任、专业指导教师、企业技术人员三位一体开展思想政治教育工作的新模式。"三位导师制"的实施，使到企业指导学生实践实习的专业教师也担负起思想政治教育工作任务，企业的技术人员也成为参加实践学生的德育教师，在指导学生参加生产实践的同时，将职业道德等德育内容传授给学生。他认为，企业的技术人员当中不少是品德和技术都过硬的人才，对职业道德、做人道理等都有很深的理解和认识，让他们在实践岗位上讲德育，实际上就是在"现身说法"，其效果是再好不过了。

经过几年的实践，"三位导师制"获得了巨大成功。许多企业反映，这些学生变化很大，他们视企业为家，珍惜工作岗位，职业道德水平有了极大提升。这些企业同时表示，愿意把前来实践学习的学生吸纳为企业的员工。"思想道德水平提高了，学生找工作都不用发愁了。""三位导师制"德育模式真正达到了提升学生综合素质的目的。

"流动动物医院"开到农牧民家

在新疆农业职业技术学院所在的昌吉回族自治州的农村和牧区，人们经常能看到3辆小面包车往来穿梭，一会儿在这个农户家的养鸡场，一会儿又在那个养殖户的奶牛场，十分忙碌。这些小面包车就是丑武江创立的专门为农牧民服务的"流动动物医院"，由学校教师轮流为农牧民服务。

创立"流动动物医院"起源于4年前的一次技术服务。有一次，一位养殖户找到丑武江，说自己养的一头奶牛被兽医判了"死刑"，请他帮忙看看。经过丑武江的治疗，这头奶牛起死回生，为这位养殖户挽回了1万多元的损失。从那以后，那位养殖户渴望又充满期盼的眼神让他久久不能平静。丑武江当时就想，何不利用学校专业教师的技术优势服务农牧民呢？可是怎样服务才能让农牧民满意，又成了难题。后来，丑武江想到开设"流动动物医院"，让教师轮流去为农牧民服务。2006年，由一辆小面包车、两名教师组成的"流动动物医院"成立了。

经过多年的努力，"流动动物医院"已拥有了1个门诊部和3辆小面包车，每年治愈的牲畜达1000多头，为农牧民挽回了大量的经济损失。现在，"流动动物医院"发展到了4家，越来越多的农牧民得到了来自学校的技术支持。如今，农牧民的牲畜、家禽遇到什么疑难杂症，只要给"流动动物医院"打一个电话，很快就能得到帮助。

2005年至今，丑武江一直担任昌吉市科技特派员、乌兰乌苏镇科技特派员，在从事繁忙的教学、管理工作的同时，他利用自己的专业所长积极投身基层科技服务。在担任昌吉市科技特派员期间，他指导昌吉市六工镇华盛兔场开展技术革新，扭亏为盈，并受到自治区科技厅的专项支持。在担任乌兰乌苏镇科技特派员期间，他为养殖户开展科技服务200余次，培训养殖户540余人次。自2003年起，他担任昌吉武警部队绿色证书培训讲师，累计为部队培养后勤饲养技术人员300余人次。

除了直接为农牧民提供技术服务之外，丑武江还依托课题研究编写了《养猪》和《家畜繁育》专业教材，主编了校本教材《动物防疫与品种改良》《养牛应用技术》。这些教材科学实用，成为农牧民养殖生产中的好帮手，被农牧民誉为能请到家的"养殖老师"。

一分耕耘，一分收获。丑武江从2002年到2012年连续11年获得校级"优秀教师"称号，2004年到2011年连续8年获得"优秀共产党员"称号。2005年、2006年被昌吉回族自治州教育工作委员会授予"优秀教育工作者"称号，2004年到2006年连续3年被评为"党风廉政建设先进个人"。2007年6月，他又荣获自治区教育系统的最高荣誉，被评为"自治区优秀教师"。2007年10月，丑武江被评为"全国模范教师""全国高校优秀思想政治教育工作者"。2008年，丑武江荣获第四届高等学校教学名师奖。2010年，他所带的团队荣获国家级优秀教学团队。

面对荣誉、鲜花和掌声，丑武江只说了一句话："还有很多人比我更优秀，我还有很多要做的，希望高等职业教育的路子能越走越宽。"

为了山娃快乐成长
——记河北省承德市围场县棋盘山学区莫里莫幼儿园教师李广

1977 年 3 月，19 岁的李广怀揣教育梦想，走上了三尺讲台。37 年的教学生涯，由青春年少变成两鬓斑白，他一直坚守在河北省围场满族蒙古族自治县哈里哈乡莫里莫村，一个距县城 50 多公里的偏僻、贫穷、落后的深山沟里。

这里只有一条蜿蜒的村路与山外相连。交通闭塞导致村子贫穷落后，人人都想离开。而他在这里一干就是 37 年。

2004 年，随着农村学校的布局调整，原村小学改办成幼儿园。当时的学校条件很差，校园破烂不堪，一遇大雨天，沙石遍地。

李广以校为家，努力改善山村落后的办学条件。他擅长木工、泥瓦工活，就用肩扛、用手搬，独自为学校砌围墙、垒月台、砌台阶，平整院落，硬化活动场地。他用自备的工具做橱具，改制桌凳，焊制安全护栏。在没有报酬、没有帮工的条件下，他挤时间、赶进度，年复一年、日复一日地在学校忙碌着……

他对校园进行了设计，循院就势、随高就低，建绿地、植物园、花园、果园。每天天刚一放亮，李广就出现在工地上，饿了就吃一口从家里带来的干粮，困了就喝口凉水提提神，头痛了就吃点儿止痛药。家人看到他疲惫不堪的样子，都心疼地说："歇歇吧，你都多大年龄了，不要逞能了。"

多年的付出，让他终于成功打造出了一所具有山村特色的花园式幼儿园。如今，这里春天绿树成荫，夏天花草飘香，秋天硕果累累，一片生机盎然。

办乡村幼儿园，最难的就是没钱。为了改善办学条件，他与村里协商，把 100 亩荒山划归学校。自己动手植树造林，换成钱补贴校园。30 多年来，他无论寒暑，除草、修枝、打杈，常年管护。

可是，这么大的山林，一个人总是忙不过来。他绞尽脑汁，经过几个不眠的夜晚，终于想出一招：跟村里换工。他利用暑期承担村里的人口普查任务，放弃早晚和双休日休息时间帮村里整理档案和文稿；而村里出钱雇工，完成30亩山林的刨坑、整地和植树。

如今，这百亩"校山"已成为幼儿园永久的财富。2007年，他采伐其中一部分树木，收入了3万多元。他把这笔钱全用于翻新校舍、改善校园饮水设施、焊制安全护栏和添置孩子们的休息用床，让孩子们住得舒服、玩得开心。

每次外出参观，看到城里的幼儿园玩具特别多，他都羡慕得不得了，总觉得愧对园里的孩子们。回来后，他着了魔似的四处收集各类废旧物品和板材的下脚料，用自己的锛、凿、斧、锯，一边琢磨一边尝试着制作各种玩具、学具。

后来，他还发动园里的孩子们跟他一起收集废旧材料，手把手地教孩子们制作玩具。几年下来，既节省了大量开支，又开发了孩子们的智力。现在，幼儿园里到处可以看到他和孩子们共同制作的精美教具。

自办幼儿园起，他就扮演着园长、教师、保姆以及园林工、清洁工等多重角色。每逢冬季，他早早地把学校的锅炉生暖，遇到下雪天，把院落的积雪清理干净；夏季中午，他会给孩子们熬好绿豆汤，做好可口的小菜。有家长因农活儿太忙而没时间接孩子，他会亲自把孩子送到家长面前；遇到孩子生病，他会用自行车带着孩子到十几里外的村卫生所治病。

李广没有惊天动地的业绩，但他有壮丽的人生，那就是让这些山里娃有了自己的乐园。

讲台上的璀璨人生

——记内蒙古锡林部加盟镶黄旗蒙古中学副校长乌兰

1989年，乌兰怀着一颗热爱教育的心投身到镶黄旗新宝力嘎苏木学校任教。基层虽苦，但她没有一点怨言，一干就是5年。期间，她先后被评为"优秀教师""优秀少先队辅导员""三八红旗手"等。由于工作出色，

1993年她被调到镶黄旗职业中学，1998年又被调入镶黄旗蒙古中学。

在镶黄旗蒙古中学，乌兰是大家公认的勤于学习、善于学习、学以修身、学以立德、学以增智、学以致用的模范。

为了提升学生对蒙古语的学习兴趣，她针对学生的心理特点，大胆开展了"历史法"教学，即用"历史、语言、语法、民族、耐心"五位一体的教育方法，培养学生学习民族语言的热情，这大大提高了教学质量。

比如，她经常把一些历史典故融入课文里，或把一些语言形成的过程融入语法中讲给学生听，既集中了学生听课的注意力，又增强了记忆效果，使枯燥的学习增加了趣味性。但随之带来的困难是教师备课任务的加重，因为这样讲课需要教师在熟悉课文的同时，把相关的内容有机地融入课文内容里。

发挥学生的特长、凸出学生的特点是她在教学中一贯坚持的原则。她针对学生不同的特点，有针对性地开展教学，鼓励学生大量阅读各类书籍、报刊，并在学校领导的支持下创办了校报，自己亲自担任主编，指导学生进行文学创作，组织学生参加文学社团活动。她的学生近几年在《内蒙古日报》《内蒙古少年报》《中学生作文集》等报纸、杂志上已经发表了30多篇作品。

她对所教过的每一名学生都有着深厚的感情。2006年春季，一场突如其来的大面积流行性感冒，使学校不得不下令停课，以防止流感疫情扩散。面对这种情况，乌兰主动向学校请缨，对100多名患流感的学生进行值班守护，早出晚归，一守就是一个星期。家中上小学的孩子和70多岁的老母亲全靠爱人一人照顾，为此，爱人抱怨甚多。乌兰并没有因此而退缩，她耐心地对爱人说："100多名学生患了流行性感冒，都在住校，我是班主任，如果我不去照看，还算是老师吗？"

像这样的事，在乌兰执教的这些年里还有很多。乌兰就是这样，用几十年的行动让大家领悟到了亲情和爱的真谛。她用爱心温暖着、帮助着每一个学生，她是学生心目中的好老师。她也因此得到了无数的爱心回报：每当逢年过节，她都会收到大量来自各届学生的祝福与问候。

学生视乌兰为母亲，在信中写道："老师，感谢您的辛勤培育，您就像我的妈妈一样，关心我、帮助我、教育我，无论走到哪里，我都不会忘记您给予我的教导和恩惠！"

一分耕耘，一分收获。在她任教的 25 年里，她多次荣获旗级、盟级、区级、国家级奖励。她编写的初中《蒙古语法手册》在多所中学被采用。在成绩面前，她并没有满足，更没有停步。无论担任什么职务，她从来没有离开过讲台，一直拼搏在教学一线。每当说起这些，她仅仅是淡淡一笑："过去的成绩已成为历史，人应该干什么都要干出点样子来……"

教学点里甘守寂寞
——记黑龙江省铁力市工农乡中心小学教师仲威平

小兴安岭南麓坐落着一个普通的小村庄——铁力市工农乡兰河村，这里有一名默默无闻的教师，在"一人一校"的艰苦条件下，一干就是 20 多年。20 多个寒来暑往，每天上下班近 20 公里的乡村土路，十余名孩子，造就了一个甘守寂寞、甘愿奉献、尽心竭力为未来播种希望的人。她的名字叫仲威平。

仲威平自 1987 年参加工作至今，便在黑龙江省铁力市工农乡中心校兰河教学点担任教师。这个偏远的教学点，学生最多时有十几名，最少时只有 4 名。为了不让孩子们失学，仲威平风雨无阻，每天骑自行车往返在乡间小路上。20 多年来，仲威平走过了近 10 万公里"送学"路。

在这 20 多年里，她承受的不仅是路途的艰辛，还有许多令人担惊受怕的事。她遇到过很多困难，可从来没有向领导提出过任何要求，总是毅然决然地迈出家门。她的信念是，"成就一个孩子，造福一个家庭；成就一个家庭，造福整个社会"。

其实，离仲威平家不到 1000 米就有一所小学，20 多年里，她有好几次调动机会，可她总是说舍不得这些孩子。

由于过度的体力消耗与常年饮食不当，仲威平常常被疾病困扰。她常年在学校吃午饭，学校没有饮用水，她每天都是从家里用瓶子带水，冬天路上水结成冰,到了学校,再把冰化成水,三口干粮两口水,饥一顿,饱一顿,以致她得了很重的胃病和风湿病。

2003年,仲威平患病须手术治疗。如果做手术,一休息就要一两个月,为了不耽误孩子们的学习,仲威平一边打点滴一边上课,直到孩子们放假了她才去做手术。

仲威平的母亲患有严重的糖尿病和心脏病,2007年夏天的一个早晨,老人对女儿说:"今天你别上班了,在家陪陪我,我很不舒服。"但为了不耽误学生上课,她还是没舍得请假。俗话说,自古忠孝难两全。当上到第二节课时,仲威平得知母亲病逝的消息,失声痛哭,她骑上车疯了一样赶回家中……

为了兰河村的孩子,仲威平没有把更多的时间留给儿子,在儿子成长的过程中没有更多地去陪伴他,结果儿子因几分之差没有考上理想的大学。而仲老师的爱人和儿子一直理解她,默默地支持她。

仲威平用无私的奉献赢得了各级组织的表彰和奖励,多次被评为"铁力市优秀教师""伊春市劳动模范""黑龙江省优秀班主任""黑龙江省乡村教师奖";2009年被评为"全国优秀教师",获黑龙江省五一劳动奖章、黑龙江省五一巾帼奖;获得全国五一巾帼奖和全国五一劳动奖章的荣誉称号,并作为黑龙江代表在人民大会堂做了演讲报告;2013年被评为"全国最美乡村教师"。

她一直不放弃对贫困、单亲、留守儿童的关爱,在各级领导的大力支持下,2013年6月,她成立了以自己的名字命名的爱心工作站,工作站的宗旨是,凝聚社会爱心力量,关怀农村留守儿童群体,关心农村留守儿童健康,关心农村留守儿童的情感需求,关注农村贫困、单亲、残疾儿童的生活救助,实施爱心传递。

按照一般情况,有着20多年教龄的仲威平应该是"弟子三千,桃李天下",但从兰河毕业的学生迄今还不足百人,这就是她事业的全部,是她多年付出的宝贵回报。正如一首歌中唱到的,"长大后我就成了你,才知道那间教室,放飞的是希望,守巢的总是你"。

醉心特教，无怨无悔
——记江苏省南京市溧水区特殊教育学校校长葛华钦

1986 年，葛华钦创办了一所聋哑学校，28 年来，他把单一的聋哑教育学校发展成了集听障教育、智障教育、康复教育、职业教育于一体的特殊教育学校。

江苏省南京市溧水区特殊教育学校原名溧水县聋哑学校，起初只有 18 名聋哑孩子、3 名教师。

1997 年，学校迁往县城，成为集听障教育、智障教育、康复教育于一体的寄宿制特殊教育学校。

2001 年，学校开垦荒山 800 亩，开展残疾人生产自救，建成溧水特校实验基地。

2008 年，学校创办农业职业中专，形成"教育—培训—就业"一体化办学模式，现有 27 名残障毕业生在此就业，这在全国是最早的一家。

2014 年，学校基地被确定为首批"国家级残疾人职业培训基地"，这是目前全国残疾人职业培训基地中最大的一家。

……

葛华钦，年届六十，清秀儒雅，有浓厚的悲悯和大爱情怀，似为特教而生而活。他是溧水特教事业的开拓者，是特教战线耕耘不辍的"老黄牛"。他带领溧水特教人用信仰书写了溧水特校的一部辉煌发展史，用大爱撑起了残疾人头顶的一片蓝天。

"每个聋哑孩子的家庭都是一部悲情史。"葛华钦说，"如果家里的聋哑孩子不能接受好的教育，这个家就真的没希望了。"

在一般人眼里，对那些残疾孩子似乎没有必要那么当真，有饭吃、不出事就行。"特校也是学校，要像模像样搞教学，要讲成绩，要讲质量，要对学生负责。"葛华钦说，"孩子们生理上有残缺，但我们的教育应该是完整的。"

2000年，一封来自一名聋哑毕业生的信触动了葛华钦的心。这群孩子虽然合格毕业，但由于社会抱有偏见和歧视，他们很难找到工作，很难自食其力。葛华钦看在眼里，急在心上。"如果能通过教育培训让他们实现自食其力，生活有着落，就等于拯救了他们一家子。"葛华钦说，"我们必须转变传统的办学思维，自加压力，为残疾学生终身发展服务。"

2001年2月，他向当地政府申请划拨（或租赁）溧水县城南郊的300亩荒山作为教育培训就业基地。那里乱石林立，坟茔遍布，杂草丛生，不见人烟，方圆两公里连个可供避风躲雨的屋棚都没有。在这里，葛华钦和他的同事们要用双手开创残障孩子的美好未来。

13年过去了，包括租赁的土地，基地已发展到如今的800多亩，建有3个园（牡丹园、葡萄园、盆景园）、4个区（水产养殖区、苗木繁殖区、果鸡放养区、无公害蔬菜区）以及花卉超市、蔬菜大棚及苗木基地，还建有2000多平方米的现代化玻璃温室。这里的学生是幸运的，在接受9年义务教育后，还能在基地再延长3年，重点学习种植和养殖技术，完成12年教育。学校还增设了听障学生职业中专，主修现代农业技术专业，开设"种植"和"养殖"两类课程，填补了南京市特教领域农业职业教育的空白。

28年路漫漫，葛华钦怀抱对特教事业的忠诚、对残疾孩子的真爱，无怨无悔地行走在特教第一线，把特教事业做得风生水起、红红火火。立业先立德，德之芬芳才有业之茂盛，人们敬佩他的"业"，更敬重他的"德"。

"没有什么，我只是做了我应当做的事。"面对一次次荣誉加身，葛华钦对各级领导、社会各界的关心支持和全体同人的无私付出满怀感激，他说得最多也最朴素的一句话就是："谢谢，谢谢关心！"

人不下鞍，马不停蹄
——记厦门大学教授潘懋元

潘懋元15岁开始从教，至今已79年，曾执教于小学、中学直至大学，其间担任过小学校长、中学教务主任、大学教务处长、大学副校长。他倾其一生奉献给学生，为中国教育的研究和实践做出了巨大贡献。他曾说，"我一生最为欣慰的是，我的名字排在教师的行列里"，"如果再让我选择一次，我还会选择教师这个职业"。

在从事高等教育研究的数十年间，潘懋元始终坚持"高等教育研究要为高等教育改革和发展服务"的理念，应高等教育改革和发展之需，站在时代的前沿，紧扣时代的脉搏，做时代的先锋。潘懋元早在20世纪50年代就敏锐地感觉到"不能把大学生当成小学生一样来教育"，倡议建立高等教育学新学科，以促进高等教育的改革与提高，培养社会主义现代化建设的专门人才。

1978年，潘懋元在发表的论文中提出，"开展高等教育理论研究，不仅是为了解决高等教育的特殊问题，对丰富整个教育科学的研究内容，促进整个教育科学的发展与提高，也具有深刻的意义"，揭开了中国高等教育科学研究的序幕。

1983年，潘懋元出版了《高等教育学讲座》，为第一本《高等教育学》的诞生和中国高等教育学学科的建立奠定了坚实的基础。经过不懈的努力，第一部《高等教育学》于1984年出版，标志着一门新学科的诞生。同年，国务院学位委员会正式将高等教育学列为二级学科。

作为我国高等教育学科的倡建者和奠基人，潘懋元一方面为中国高等教育学科的建立奔走，在他所工作的厦门大学教育研究院亲力亲为。与此同时，他还把学术眼光投向全国，从全国的大局和学科发展的大局来谋划高等教育学学科建设，积极推动、鼓励其他大学和高等教育研究机构开展高等教育学研究及学科建设。

1986年，厦门大学建立了我国第一个高等教育学博士学位点之后，潘懋元又开始关注全国高等教育学和高等教育研究机构的建设、发展，并积极谋划和推动其他大学高等教育学博士点的建设。在20世纪90年代中期之前，我国教育学科内博士学位点建设竞争异常激烈，潘懋元凭借他个人的学术影响力和智慧，有效促成了全国最早的4个高等教育学博士学位点的建立，并积极为它们创设良好的学科发展的平台和空间。

在多年的高等教育理论和实践的基础上，潘懋元还探索出了一套适合研究生培养的"学习—研究—教学实践"三位一体的研究生课程教学法。除了重视学生的课程学习外，他还重视博士生的学术活动、论文写作和思想修养。他积极为学生创造良好的学术环境，让学生在其中深受熏陶。他积极鼓励学生在学术例会上做学术报告，参加学术讨论，还支持他们在校内开讲座。同时，他与校外学术组织联系，让学生撰写有一定质量的论文去参加校外学术会议。学生们在参与的过程中活跃了学术思想，扩大了学术视野。

在厦门大学教育研究院的学生眼中，潘懋元不仅是一位传道授业解惑的导师，还是做人的航标和榜样。他常说的一句话："导师对学生在专业知识上的具体帮助不是最重要的，重要的是方向上的指引、方法上的点拨及人格上的影响。"他一直在身体力行地告诉学生："欲为学，先做人。"

农村职校谱写青春
——记江西省萍乡市武功山职业中等专业学校党支部书记王祖德

王祖德热爱自己的事业，热爱自己的学生，热爱农村职业教育这片养育他的热土。他常常告诫学生，就读职业学校同样需要艰辛付出，没有刻苦的钻研和不懈的努力就无法适应现代社会的需求。工作中，他废寝忘食，每天的工作时间都在十几个小时以上，绝大部分节假日也都用在教学与研究中。十几年来，他放弃了外出发展的好机会，执着而辛勤地耕耘在农村职业教育这片土地上。

王祖德真诚对待学生，注重培养他们的学习兴趣。在他的眼里没有"差生"，他认为学生不能以优劣区分，只是爱好和特长不同。他以广阔的视野、先进的理念、灵活的方法，指导学生探究问题，解决他们学习中的困难和疑惑，带给学生学习的动力、鲜活的知识和成才的本领，使学生自信、自立、成功、成才。

他教育理论功底扎实，善于创造性地选择与组织教学内容、设计教学过程，在教学上形成了自己的独特风格。他把以人为本的教育思想融入教学过程中，循循善诱的教诲像甘泉，像雨露，滋润着每一个学生的心田。大家送给他一个亲切的绰号——"王琢磨"，这饱含着大家对他渊博的知识和不懈探索精神的敬佩之情。

曾经有老师向王祖德诉苦："学生德育工作真是烦人，有些事，昨天才找学生谈过话，今天又重犯……"王祖德何尝没有这种苦恼？但俗话说"久病成医"，办法总比困难多！

王祖德提出了"建立学生德育银行"的办法。学校为每名学生建立一个"德育银行"，准备了两张"信用卡"，以100分为准入"存款"，一张"明卡"张贴于教室墙壁上，上面"纸墨笔载"其"德育银行"的借支收入，一张"暗卡"在学校网站"德育银行"平台上，学生、家长可以随时通过输入自己的账号、密码进行查询。

王祖德说："制度可以管住人，但不能感化人。学生不是任人摆布的木偶，管理怎能一刀切？只有进行深入细致的德育工作，才能春风化雨，润及学生的心田啊！"

凭借连续10多年的班主任工作，连续10多年的教育教学工作，王祖德对教育工作的研究已由自发逐步走向自觉，已由零星的经验总结走向独具特色的理论升华。

为丰富校园生活，王祖德率先在班上成立了业余篮球队、武术队、围棋兴趣小组等，举行丰富多彩的文娱活动。秋高气爽的金秋时节，他组织学生去烈士陵园扫墓，进行理想信念教育；春暖花开之时，他带领学生前往风景名胜区踏青，感受大自然的神奇瑰异……寓教于乐，润物无声。通过形式多样的课外活动和见习实践，师生之间的关系融洽了，学生的身心健康愉快了，抱怨厌学的苗头消失了。

在长期的教育实践中，王祖德深深体会到，要培养具有强烈社会责任感、创新精神和实践能力的优秀人才，必须坚持育人为本、德育为先、能力为重、全面发展，不仅要身体健康，更要精神健康。

"一枝独秀不是春，姹紫嫣红春满园。"在王祖德感人事迹的感召下，出现了一个又一个精彩的育人故事，浓浓的师生情让青春在爱的阳光下放射出耀眼的光芒。

山区教育"领跑人"
——记山东省枣庄市共青希望学校校长陆繁伟

办学条件差、教师队伍老化、学生流失多、留守儿童管理困难等问题，往往是山区农村教育的真实写照。偏居沂蒙山区一隅的山东省枣庄市山亭区徐庄镇亦不例外。

然而，在这里有这样一位小学校长，他23年如一日，从教师到校长，用踏踏实实的行动，一步步破解着这一道道教育难题。这些年来，他先后翻越208座山头，到学生家里走访2400多次，写下了46本、几十万字的教学日记，用微薄的工资资助学生累计8.2万多元。

他，就是全国优秀教师、山东省枣庄市共青希望学校校长陆繁伟。

1988年，陆繁伟由于身体原因而无缘高考。求学梦破碎了，他却有了一个更强烈的愿望：在本村当一名民办教师，尽自己所能让山区孩子都能读上书，并能读好书！

求知若渴的陆繁伟勤学好问，请人辅导，不断练习备课、授课。经过不懈努力，1989年，他以民办教师身份考入枣庄师范学校。也就是从那一天起，他给自己立下了一个誓言：把毕生精力献给教育事业，把教书育人当成崇高追求。

从教23年来，陆繁伟虚心学习教育知识，不断钻研教学教法。为了给自己充电，他通过自学进修拿到了专科、本科文凭，多次参加省、市级骨干教师培训；为了教好孩子，他多次牺牲休息时间，到枣庄、临沂、莱芜等地拜名师，求帮助。

2009年，陆繁伟来到枣庄市共青希望学校担任校长。当时，校园破旧不堪、杂草丛生，教学楼漏雨，教学质量下滑，大量学生流失。

陆繁伟首先从改变教学楼做起。为节约成本，陆繁伟带领着教职工干了起来，他本人承担最重也是最危险的提升防水胶任务。一次，站在楼顶边缘提升防水胶时，陆繁伟一不小心从楼顶掉了下去，伤及肝部，胆囊破裂。

为了省钱，陆繁伟没有去公立医院就诊，而是到一家私人诊所摘除胆囊、修复肝脏。"由于医疗条件较差，他连续多天昏迷不醒，差点儿丢了性命。后经转院治疗，一个多月后才转危为安。"想起这些，他的妻子李秀英至今心有余悸。

陆繁伟努力改进学校的教育教学质量，因地制宜，就地取材，发动学生到山上找奇石、挖树根，组织兴趣小组。学校进而开设了彩泥画特色课程，组织了"红领巾小社团""规划小社团""科技小社团"等。学校良好的教育教学质量得到了社会的一致认同，原来流失的学生也都重新返回了校园。

徐庄镇作为沂蒙山区的贫困乡镇，外出务工经商的村民较多，造就了留守儿童这一特殊群体。

为了这些孩子的健康成长，陆繁伟充分发挥镇驻地学校的作用，探索出一条建设乡村少年宫、对留守儿童进行集中管理的新路子——以枣庄市共青希望学校为依托，创建徐庄镇乡村少年宫，对全镇留守儿童进行集中管理。

陆繁伟依托本校条件，在功能比较齐全的少年宫开设了电子琴、书法、二胡、笛子、象棋、国画和舞蹈等功能室，并在全镇优秀教师中招募了22名辅导员充当志愿者。陆繁伟又发动全镇12所小学成立留守儿童关爱站，建立健全镇域留守儿童关爱体系。

对于陆繁伟，山亭区教育局局长高玉龙评价说："他特别热爱教育，擅长解决教育发展中的难题，他是山区教育的'领跑人'。"

教学科研相得益彰
——记西北大学教授张国伟

张国伟是西北大学教授，50多年来，他一直工作在教学第一线，先后承担了学校构造地质学等8门课程的教学工作。每一次上课他都精心准备，每一年教学他都有新的内容。他的课生动幽默，信息量大，为了能够听他的课，学生都争着抢占好座位。尤其是他的报告和讲座，总是场场爆满。

张国伟在硕士生、博士生的培养上花费了大量心血。他说，导师应重在培养学生的思维能力、科学素养与道德素质。张国伟指导、培养的学生，很多已成为单位学术领导、学术带头人等。

野外考察实习是地质学教学过程中最重要的环节之一，张国伟特别注重发挥学生的主观能动性。在实习中，他坚持与学生一道东奔西走，同吃同住。学生在野外实习，往往嫌苦嫌累，不愿多待，但与张国伟一起外出的学生从来不叫苦叫累，还主动要求延长时间，多承担任务。学生说："张老师在野外比我们年轻人走得都多，都快。"

尤其令人感动的是，2010年，张国伟因为长期超负荷工作而生病住院，但是在住院期间，他脑子里想的还是教学和科研工作，他的病床上到处堆着文件和资料。他还不断嘱咐组织野外实习的带队老师如何安排行程路线、要注意哪些事项、要保证学生们的安全等。

在科研领域，张国伟也做出了突出贡献。20世纪60年代，张国伟一毕业就开始从事秦岭造山带的研究。10年间，他带领学生前后多次穿越秦岭，其中数千公里完全是徒步。他的足迹几乎踏遍了秦岭的沟沟岔岔。无怪乎，张国伟能准确无误地说出某某地质现象在哪条沟、拐几道弯的一棵核桃树下。

几十年间，张国伟参与的"富铁会战"研究、"秦岭造山带岩石圈结构、演化及其成矿背景（1992—1997）"研究等，多次引发学界轰动。他倾心多年的研究成果《秦岭造山带与大陆动力学》已成为秦岭研究的一部经典巨著。

他先后在国内外发表学术论文350余篇，出版著作7部和中英文版《秦岭造山带岩石圈三维结构图丛》各1套（包括合作），主编各类构造图件20多幅，完成研究报告20余份。

目前，张国伟正协同主持负责"板块构造与大陆动力学"战略咨询研究项目，带领全国十余所院校、研究单位的研究人员进行我国大陆构造战略发展研讨。

张国伟不仅对培养学生极其负责,也注重对青年教师的培养。

他一方面在教学和科研中给年轻人压担子,使其在实践中得到锻炼与提高;另一方面,他用自己的一言一行引导青年教师走向成熟。他认为,高校教师必须正确处理好教学与科研的关系,作为教师,必须要搞好教学,做有素质、有学问的合格教师;而教师要教好学必须要有好的学问,这就必须要进行科学研究,以研究成果提高、充实、搞活教学。

有的青年教师会抱怨自己的工作任务重,但一看到张国伟的工作量时,都会感叹他就是自己心中的高山与大海。他超常的工作量是常人无法想象的。

这么多的工作和事情,一个70多岁的老人是如何撑起的?他哪儿来的这么多时间?答案是,他从来不分节假日和周末,工作已经占去了他的休息时间。这正应了他的一句话:"人生的最大价值,莫过于把自己的聪明才智,最大限度地贡献给祖国与人类!"

焊接技师,育人高手
——记甘肃钢铁职业技术学院教师吕杰

作为酒泉钢铁(集团)有限责任公司(以下简称酒钢)目前唯一的女焊接高级技师,甘肃钢铁职业技术学院教师吕杰是同龄人中的佼佼者。她多次代表甘肃省在各类大赛中取得优异的成绩:2004年甘肃青工技术比武大赛中,她取得个人第一名,并荣获"甘肃省杰出青年岗位技术能手"称号;之后她还获得过"全国女职工建功立业标兵""国家技能人才培育突出贡献奖"等荣誉。

吕杰注重提高自身的技术水平,她熟练掌握手工电弧焊、埋弧焊、二氧化碳气体保护焊等多项技术,还先后考取了特种设备焊接操作人员证书、焊工技师证书、焊工高级技师证书。

她带领大家取得多项教学改革成果,并结合高职教育的特点,构建了"职业引导、行业平台、工学结合、三岗实训"的人才培养模式。

吕杰主要承担焊接专业"焊接生产实习""焊工工艺"等课程的教学，实验实习的指导及教学计划，教学大纲和考试大纲的编写工作。近5年来，完成教学4500课时，参与培养人才3500人次，她还承担了《焊接实训大纲》《焊接技师精品课》《焊接技术》等校本教材编写工作。

她负责焊接检验室的建设，使实验开出率达90%以上，并承担了焊接检验、射线探伤检验等任务，为焊接技术提供重要的实验依据。她先后主持"双丝埋弧焊在风电行业的推广与应用""等离子切割试板定位先进操作法"等科研项目，通过酒钢验收，参与甘肃冶金技师学院技师精品课的开发。

她结合每一个学生的具体情况，总结出了一套科学的焊接高技能人才培训方法——"一个中心，两个抓手，三个重视，四个环节"，即以焊缝质量合格为中心；一手抓体能训练，一手抓心理辅导；重视发现学员技术特长并总结推广、重视有针对性地在培训过程中因材施教、重视"焊接文化"在枯燥的技能训练过程中的艺术感染过程；规范工艺讲解环节、完美表演示范环节、加强巡回指导环节、总结教学反馈环节。

近3年来，吕杰指导培训特种设备焊接操作人员326人，学员持特种设备作业人员证项目近1000项，学员持证率100%，项目合格率98%，均满足《特种设备焊接操作人员考核细则》的要求。她指导培训学生、学员近400人，其中中级工技能鉴定合格率95%，高级工技能鉴定合格率88%，技师、高级技师技能鉴定合格率65%。她选拔并指导省级、国家级焊接比武大赛人员20余人，均取得了优异成绩。其所在的培训班被业内人士称为"劳模班"。

吕杰说，没有师傅教、领导带、众人扶、亲人帮，自己将一事无成。如果没有酒钢这片热土、没有甘肃冶金高级技术学院这片天地，也不会有她这棵小草。在诸多荣誉面前，她感受更多的是感恩和责任。

多年来，她的知名度越来越高，不断有单位和企业前来联系寻求技术支持。她为酒钢及周边企业解决了无数的技术难题。自任教以来，每天都能在弥漫着焊接烟尘的实训车间看到她忙碌的身影。

她在平凡的岗位上精心耕耘，无私奉献。她觉得自己既是快乐的园丁，又像一朵盛开的幽莲，把芳香弥散开去……

潜心教研，执着课改
——记新疆生产建设兵团六师五家渠高级中学教师陆苏新

他犹如一阵春风，扑面而来的是"真诚、宽容、睿智、进取、可信"；他那高尚的师德、精湛的学识不仅感染着身边的每一个人，更为他铺就了辉煌的底色。36年的教学生涯中，他担任班主任、年级主任等工作20年，担任学校教务主任、教研室主任等职16年，任高级教师16年。他就是新疆生产建设兵团六师五家渠高级中学教师陆苏新。

1978年7月，陆苏新高中毕业，正好赶上从初中开始开设英语课，通过考试，他以排名第二的好成绩被录用，留校任教。后来，新湖南山煤矿筹建初中却一直没有人去，他便主动要求到新湖最艰苦的山区煤矿去教学。

学校教师不足，他一个人担任了初中三个年级的数学、物理、化学等科目的教学工作，每天上8节课，白天上课，晚上备课，每天休息不到6个小时。就这样，他在煤矿学校一干就是5年，直到煤矿破产，他才被调到团场学校任教。这5年多的时间里，他一刻也没有离开过学生，和学生一起学习，一起上山挖贝母，为学生购买学习用品，在实践中教给学生生活的本领，在活动中教会学生学习，用心引导学生健康成长。

在他的教导下，每年都有一到两名学生在地区高中升学考试中获得优异成绩，山区煤矿的学生也都顺利地考上了高中，无一人留下。矿上的家长都说组织上给他们派来了一位好老师，山下的人都说山沟里真的飞出了"金凤凰"。

作为班主任，他一直严格要求自己，无论春夏秋冬，每天早晨他都第一个到校，最后一个离校。学生生活有困难，他便拿出自己积攒的钱给学生救急。班上有名学生患上了白血病，他主动捐款。平凡之处，师生情深。

他被调入学校教研室担任主任职务后，常常挑灯夜战，上网查找资料，直至黎明。他撰写的论文发表在《伊犁教育学院学报》上，并获一等奖。他带领学校数学课题组22人经过3年潜心研究取得的成果得到了全国数学界著名专家的肯定。目前，他主持的3个全国教育科研"十一五""十二五"规划课题已结题，均获全国教育科研成果一等奖。在他的带领下，学校已承担国家级课题6个、省级课题8个、校级课题50多个。

作为教研员，他年年都要听课120多节。他始终坚持以提高教师课堂教学水平为中心，使教研真正为教学服务。2007年5月以来，学校高中新课程实验的重担又压到了他的肩上，他先后为学校教师开办课改培训讲座累计100多小时，编写学校高中新课程实施方案16个，撰写《高中新课程文件汇编》等达几百万字。2008年10月，他又代表学校参加兵团高中课改检查工作，得到兵团高中课改办的好评，学校被自治区评为课改先进学校。

他把事业看作一种过程、一种追求，每天的点滴学习，每日些微浸润，日积月累，正不断壮大其生命的容量，在精神生命的追求中创造着自己，也创造着别人。他始终相信：收获属于勇于锤炼自我、突破自我、努力耕耘的人。

主要参考文献

1. 钱焕琦. 教师职业道德［M］. 上海：华东师范大学出版社，2008.
2. 傅维利. 师德读本［M］. 北京：高等教育出版社，2003.
3. 任顺元. 师德概论［M］. 杭州：浙江大学出版社，2005.
4. 黄正平，刘守旗. 教师职业道德新编［M］. 南京：南京大学出版社，2010.
5. 申继亮. 师德心语：教师发展之魂［M］. 北京：北京师范大学出版社，2006.
6. 赵宏义. 当代教师职业道德［M］. 北京：中央广播电视大学出版社，2003.
7. 王文东. 心灵的教化：变革社会中的中国师德［M］. 四川：四川人民出版社，2003.
8. 檀传宝. 教师伦理学专题：教育伦理范畴研究［M］北京. 北京师范大学出版社，2000.
9. 王荣德. 现代教师人格塑造［M］. 天津：天津教育出版社，2004.
10. 袁振国. 当代教育学［M］. 北京：教育科学出版社，1998.
11. 林崇德. 教育的智慧：写给中小学教师［M］. 北京：开明出版社，1999.
12. 胡东芳，陈炯. 谁来塑造"人类灵魂的工程师"——中国教师的透视与反思［M］. 福州：福建教育出版社，2000.
13. 施惠玲. 制度伦理研究论纲［M］. 北京：北京师范大学出版社，2003.

后 记

功崇惟志　业广惟勤

我们会时常想起，刻在德国伟大哲学家康德墓碑上的那句永恒名言："有两种东西，我们越是时常反复地思索，越是在心中灌注了永远新鲜和不断增长的赞叹和敬畏——我头上的星空和我心中的道德法则。"头顶的星空，可能因其寥廓而深邃，给人一种恬静的思考环境，会让我们仰望和敬畏；心中的道德因其庄严而圣洁，让人可以和谐地生活，值得我们谦卑坚守。

在这个物欲横流的大千世界，总有一群仰望星空的灵魂守望者，如同康德仰望头顶的星空时所怀揣的那份震撼与感动，对于道德法则总怀有一颗敬畏之心。我们之所以编著《中小学教师师德素养提升80讲》，也许是源于对头顶的星空和心中的道德法则的深深思考。

人有善愿，天必从之。《中小学教师师德素养提升80讲》书稿历经100个日日夜夜，三易其稿，今天终于奉献在读者面前。从研究到成书，也可以说是深入学习贯彻党的"十八大"精神，进一步贯彻落实教育部《关于进一步加强和改进师德建设的意见》的一个小小成果。本书立足于对师德建设重要意义的高度认识，通过深入调查和研究，着重探讨了新时期师德建设的现状及出路，提出了新形势下教师职业道德建设的对策与途径。编撰本书的出发点是立足于理论研究、政策法规、实践案例三方面，注重把师德建设中的道德认识、道德情感、道德意志、道德行为问题与当前学校管理和教师生活中的实际问题紧密结合，突出当前师德建设中的现实问题，并落实到教师对职业幸福人生的向往与追求上。同时，注重对教师职业生存状态的真实分析与理解关注，充分考虑政府和社会、学校、教师自身三方面的关系，从教师专业标准三维度要求出发，增强了本书的可读性。

本书的出版得到了出版社的大力支持，得到了陕西省教育厅副厅长张雄强、教师工作处处长罗侃淳、副处长朱晓冬等领导的支持和鼓励，特别是朱晓冬、韩润社同志，对本书提出了宝贵的修改意见和建议，在此表示衷心的谢意。

师德建设是需要长期探讨的宏大课题，许多问题还值得进一步探讨：师德建设的理念重在诱导与发展；师德建设的内涵主要是增强教师道德内化动力，引领教师的精神追求；师德建设的主体是教师，但不可单打一，学校管理、学生教育、家长培训要齐抓共管，形成合力；师德建设的评价方式要从材料卷宗中走出，回归教师教育教学生活，贴近教师教育教学对学生产生影响的表现实际。限于水平，本书的研究，只能是抛砖引玉的一隅之见，不足之处在所难免，恳请专家学者和广大读者不吝赐教。

从研究到出版本书，参考了大量的文献资料，并且引用了某些观点和理念，在此予以郑重说明，谨向尊敬的作者及单位表示由衷的谢意！

"功崇惟志，业广惟勤。"我们也愿以此为契机，在师德建设研究方面不断学习，继续探索，为学校师德建设做出新的贡献，并以此与同行们共勉。

西南师范大学出版社
《名师工程》系列丛书目录

系列	序号	书　　名	主编	定价
陕派名师系列	1	《中小学教师师德素养提升80讲》	张军学　曹永川　国晓华	30.00
	2	《让教育走进灵魂深处——一位优秀教师的教育心语》	刘跃红	30.00
	3	《教育与梦想同行——宝鸡"国培计划"项目成果精选》	李春杰	30.00
	4	《轻松突破作文瓶颈——构建范畴思想下的作文思维》	李旭山	35.00
	5	《爱在人生伊始——幼儿教师培训指导手册》	张昭	35.00
	6	《为儿童终身发展奠基——幼儿教师必备的幼教技能》	靳存安	30.00
	7	《如何成为一名专家型教师》	孙铁龙　党纳	35.00
教研提升系列	8	《语文教师必备的音韵学素养》	李明孝	30.00
	9	《校本教研的7个关键点》	孙瑞欣	30.00
	10	《教师怎样做小课题研究——高效助力教师专业化成长》	徐世贵　刘恒贺	30.00
	11	《今天我们应该怎样评课》	张文质　陈海滨	30.00
	12	《今天我们应该怎样进行教学反思》	张文质　刘永席	30.00
	13	《一节好课需要的教育智慧》	张文质　姚春杰	30.00
鲁派名师教育探索者系列	14	《追问历史教学之道》	钟红军	36.00
	15	《灵动英语课——高效外语教学氛围创设艺术》	邵淑红	30.00
	16	《校园，幸福教育的栖居》	武际金	30.00
	17	《复调语文——尊重生命自我成长的语文教学》	孙云霄	30.00
	18	《智趣数学课——在情感深处激发学生的数学智能》	王冬梅	30.00
	19	《高品位"悦读"——让情感与心灵更愉悦的阅读教学》	马彩清	30.00
	20	《品诵教学——感悟母语神韵的阅读教学》	侯忠彦	30.00
	21	《智趣化学课——在快乐中提升学生的科学素养》	张利平	30.00
名师解码系列	22	《教育需要播种温暖——谢文东与儒雅教育》	余香　陈柔羽　王林发	28.00
	23	《为了未来设计教育——梁哲与探究教育》	冼柳欣　肖东阳　王林发	28.00
	24	《真心是教育的底色——谭永焕与真心教育》	谭永焕　温静瑶　王林发	28.00
	25	《做超越自我的教师——刘海涛与创新教育》	王林发　陈晓凤　欧诗停	28.00
	26	《打造灵动的教育场——张旭与情感教育》	范雪贞　邹小丽　王林发	28.00
高效课堂系列	27	《让数学课堂更高效——教研员眼中的教学得失》	朱志明	30.00
	28	《从教会到教慧——小学生数学学习能力的培养艺术》	滕云	30.00
	29	《用什么提高课堂效率——有效数学课必须关注的10大要素》	赵红婷	30.00
	30	《让作文更轻松——小学作文高效教学36锦囊》	李素环	30.00
	31	《让研究性学习更高效——研究性学习施教指导策略》	欧阳仁宣	30.00
	32	《让母语融入学生心灵——提升学生语文素养的高效施教艺术》	黄桂林	30.00

系列	序号	书　　　名	主编	定价
创新课堂系列	33	《重塑课堂生命力——小学新课堂教改成功之路》	陈华顺	30.00
	34	《小学语文"三环节"阅读教学法——自学、读讲、实践》	薛发武	30.00
	35	《个性化课堂教学艺术：小学语文》	商德远	30.00
	36	《如何实现三维目标——让学生与文本共鸣的诵读教学》	张连元	30.00
	37	《想说　会说　有话可说——突破作文瓶颈的三维教学法》	杨和平	30.00
	38	《综合课的整合创新教学》	周辉兵	30.00
	39	《如何打造学生喜欢的音乐课堂》	张　娟	30.00
	40	《理想课堂的构建与实施——一个教研员眼中的理想课堂》	张玉彬	30.00
	41	《小学语文：决定教学质量的关键策略》	李　楠	30.00
	42	《用〈论语〉思想提升数学教育智慧》	胡爱民	30.00
	43	《童化作文——浸润儿童心灵的作文教学》	吴　勇	30.00
名校系列	44	《人本与生本：管理与德育的双重根基》	广州市广外附设外语学校	30.00
	45	《生本与生成：高效教学的两轮驱动》	广州市广外附设外语学校	30.00
	46	《世界视野与现代意识：校本课程开发的二元思维》	广州市广外附设外语学校	30.00
	47	《让每个生命都精彩——生命教育校本实践策略》	王鹏飞	30.00
	48	《好学校，从关注每个学生开始——石梅小学优质教育多元感悟》	顾　泳　张文质	30.00
思想者系列	49	《回归教育的本色》	马恩来	30.00
	50	《守护教育的本真》	陈道龙	30.00
	51	《教育，倾听心灵的声音》	李荣灿	30.00
	52	《心根课堂——让教育随学生心灵起舞》	刘云生	30.00
	53	《做一个纯粹的教师》	许丽芬	26.00
	54	《率性教书》	夏　昆	26.00
	55	《为爱教书》	马一舜	26.00
	56	《课堂，诗意还在》	赵赵（赵克芳）	26.00
	57	《今日教育之民间立场》	子虚（扈永进）	30.00
	58	《教育，细节的深度反思》	许传利	30.00
	59	《追寻教育的真谛——许锡良教育思考录》	许锡良	30.00
	60	《做爱思考的教师》	杨守菊	30.00
鲁派教育名校探索者系列·	61	《让生命异彩纷呈——差异教育的构建与实施》	张晓琳	30.00
	62	《博弈中的追求——一位中学校长的"零"作业抉择》	李志欣	30.00
	63	《大教育视野下的特色课程构建——海洋教育的开发实施》	白刚勋	30.00
名师教学手记系列	64	《唤醒生命的对话——孙建锋语文教学手记》	孙建锋	30.00
	65	《让作文教学更高效——王学东写作教学手记》	王学东	30.00
名校长核心思想系列	66	《智圆行方——智慧校长的50项管理策略》	胡美山　李绵军	30.0
	67	《做一个智慧的校长》	孙世杰	30.00
	68	《成为有思想的校长》	赵艳然	30.00

系列	序号	书　　　名	主编	定价
创新班主任系列	69	《班主任专业化成长策略》	杨连山	30.00
	70	《班级活动创新与问题应对》	杨连山　杨照　张国良	30.00
	71	《班集体建设与创新人才培养》	李国汉	30.00
	72	《神奇的教育场——打造特色班级文化创新艺术》	李德善	30.00
创新语文教学系列	73	《曹洪彪新概念快速作文》	曹洪彪	30.00
	74	《小学语文：享受对话教学》	孙建锋	30.00
	75	《小学语文：名师教学目标落实艺术》	刘海涛　王林发	30.00
	76	《小学语文：名师魅力教学设计艺术》	刘海涛　王林发	30.00
	77	《小学语文：名师魅力课堂激趣艺术》	刘海涛　豆海湛	30.00
	78	《小学语文：单元整体教学构建艺术》	李怀源	30.00
	79	《小学作文：名师情趣课堂创设艺术》	张化万	30.00
优化教学系列	80	《高效教学组织的优化策略》	赵雪霞	30.00
	81	《高效教学方法的优化策略》	任　辉	30.00
	82	《高效教学过程的优化策略》	韩　锋	30.00
	83	《让教学更生动——激发兴趣让学生快乐认知》	朱良才	30.00
	84	《让教学更高效——策略创新让教学事半功倍》	孙朝仁	30.00
	85	《让教学更开放——拓展延伸让学生触类旁通》	焦祖卿　吕勤	30.00
	86	《让教学更生活——体验运用让学生内化知识》	强光峰	30.00
	87	《让知识更系统——整合与概括让学生建构体系》	杨向谊	30.00
	88	《让思维更创新——思辨与发散让学生思维活跃》	朱良才	30.00
名师名课系列	89	《名师如何炼就名课》（美术卷）	李力加	35.00
教师成长系列	90	《做会研究的教师》	姚小明	30.00
	91	《学学名师那些事》	孙志毅	30.00
	92	《给新教师的建议》	李镇西	30.00
	93	《教师心灵读本：成为有思想的教师》	肖　川	30.00
	94	《教师心灵读本：教师，做反思的实践者》	肖　川	30.00
幼师提升系列	95	《全国优秀幼儿健康教育活动课例评析》	教育部教育管理信息中心	30.00
	96	《全国优秀幼儿艺术教育活动课例评析》	教育部教育管理信息中心	30.00
	97	《全国优秀幼儿社会教育活动课例评析》	教育部教育管理信息中心	30.00
	98	《全国优秀幼儿语言教育活动课例评析》	教育部教育管理信息中心	30.00
	99	《全国优秀幼儿科学教育活动课例评析》	教育部教育管理信息中心	30.00
教师修炼系列	100	《班主任工作行为八项修炼》	杨连山	30.00
	101	《教师心理健康六项修炼》	李慧生	30.00
	102	《教师专业化五项修炼》	杨连山　田福安	30.00
	103	《课堂教学素养五项修炼》	刘金生　霍克林	30.00
	104	《高效教学技能十项修炼》	欧阳芬　诸葛彪	30.00
	105	《教师新师德六项修炼》	王毓珣　王颖	30.00
创新数学教学系列	106	《小学数学：名师教学目标落实艺术》	余文森	30.00
	107	《小学数学：名师高效教学设计艺术》	余文森	30.00
	108	《小学数学：名师易错问题针对教学》	余文森	30.00
	109	《小学数学：名师魅力课堂激趣艺术》	余文森	30.00
	110	《小学数学：名师同课异教》	林高明　陈燕香	30.00
	111	《小学数学：名师抽象问题艺术教学》	余文森	30.00

系列	序号	书　　名	主编	定价
教育心理系列	112	《做最好的心理导师——中学生心理健康咨询手册》	杨　东	30.00
	113	《每天学点教育心理学》	石国兴　白晋荣	30.00
	114	《学生心理拓展训练与指导》	徐岳敏	30.00
	115	《好心态成就好学生——学生心理问题剖析与对症教育》	李韦遴	30.00
教学新突破系列	116	《把教学目标落实到位——名师优质课堂的效率管理》	冯增俊	30.00
	117	《拿什么调动学生——名师生态课堂的情绪管理》	胡　涛	30.00
	118	《零距离施教——名师和谐师生关系的构建艺术》	贺　斌	30.00
	119	《一个都不能落——名师提升学困生的针对教学》	侯一波	30.00
	120	《让学习变得更轻松——名师最能吸引学生的情境设计》	施建平	30.00
	121	《让知识变得更易学——名师改造难学知识的优化艺术》	周维强	30.00
教育通识系列	122	《用心做教师——青年教师快速成长的十大定律》	王福强	30.00
	123	《做最受学生欢迎的老师》	赵馨　许俊仪	30.00
	124	《做有策略的校长——经典寓言与学校管理智慧》	宋运来	30.00
	125	《做有策略的教师——经典故事中的教育启示》	孙志毅	30.00
	126	《从学生那里学教书》	严育洪	30.00
	127	《突破平庸——提升教育质量的31个跳板》	严育洪	30.00
	128	《教育，诗意地栖居》	朱华忠	30.00
	129	《好班规打造好班级》	赵　凯	30.00
	130	《做学生成长的引领者——学生终身成长的素质培养》	田祥珍	30.00
	131	《如何管出好班级——突破班级管理的四大瓶颈》	刘令军	30.00
	132	《青春期性教育教师实用手册》	闵乐夫	30.00
高中新课程系列	133	《高中新课程：教师角色转变细节》	缪水娟	30.00
	134	《高中新课程：班主任新兵法细节》	李国汉　杨连山	30.00
	135	《高中新课程：教学管理创新细节》	陈　文	30.00
	136	《高中新课程：更有效的评价细节》	李淑华	30.00
名师讲述系列	137	《施教先施爱——名师讲述班主任的核心教导力》	杨连山　魏永田	30.00
	138	《在欢乐中成长——名师讲述最具活力的课堂愉快教学》	王斌兴	30.00
	139	《让学生做自己的老师——名师讲述如何提升学生自主学习能力》	徐学福　房慧	30.00
	140	《引领学生高效学习——名师讲述如何提高学生课堂学习效率》	刘世斌	30.00
	141	《教育从心灵开始——名师讲述最能感动学生的心灵教育》	张文质	30.00
教育管理力系列	142	《名校激励管理促进力》	周　兵	30.00
	143	《名校安全管理执行力》	袁先潋	30.00
	144	《名校师资团队建设力》	赵圣华	30.00
	145	《名校危机管理应对力》	李明汉	30.00
	146	《名校校本研究创新力》	李春华	30.00
	147	《学校文化力建设策略》	袁先潋	30.00
	148	《名校长核心教育力》	陶继新	30.00
	149	《名校长高绩效领导力》	周辉兵	30.00

系列	序号	书　　名	主编	定价
教育管理力系列	150	《名校行政管理细节力》	杨少春	30.00
	151	《名校教学管理提升力》	张　韬　戴诗银	30.00
	152	《名校学生管理教导力》	田福安	30.00
	153	《名校校园文化构建力》	岳春峰	30.00
大师讲坛系列	154	《大师谈教育心理》	肖　川	30.00
	155	《大师谈教育激励》	肖　川	30.00
	156	《大师谈教育沟通》	王斌兴　吴杰明	30.00
	157	《大师谈启蒙教育》	周　宏	30.00
	158	《大师谈教育管理》	樊　雁	30.00
	159	《大师谈儿童人格塑造》	齐　欣	30.00
	160	《大师谈儿童习惯培养》	唐西胜	30.00
	161	《大师谈儿童能力培养》	张启福	30.00
	162	《大师谈早恋与性教育》	闵乐夫	30.00
	163	《大师谈儿童情感教育》	张光林　张　静	30.00
教育细节系列	164	《名师最具渲染力的口才细节》	高万祥	30.00
	165	《名师最有效的沟通细节》	李　燕　徐　波	30.00
	166	《名师最有效的激励细节》	张　利　李　波	30.00
	167	《名师培养学生好习惯的高效细节》	李文娟　郭香萍	30.00
	168	《名师人格教育的经典细节》	齐　欣	30.00
	169	《名师营造课堂氛围的经典细节》	高　帆　李秀华	30.00
	170	《名师最有效的赏识教育细节》	李慧军	30.00
	171	《名师最有效的批评细节》	沈　旎	30.00
教学提升系列	172	《方法总比问题多——名师转变棘手学生的施教艺术》	杨志军	30.00
	173	《用特色吸引学生——名师最受欢迎的特色教学艺术》	卞金祥	30.00
	174	《让学生爱上课堂——名师高效课堂的引导艺术》	邓　涛	30.00
	175	《拿什么打开思路——名师最吸引学生的课堂切入点》	马友文	30.00
	176	《没有记不牢的知识——名师最能提升学生记忆效果的秘诀》	谢定兰	30.00
	177	《让学生的思维活起来——名师最激发潜能的课堂提问艺术》	严永金	30.00
国际视野系列	178	《行走在日本基础教育第一线》	李润华	26.00
	179	《润物细无声——品鉴国外德育智慧》	赵荣荣　张　静	30.00
	180	《不让一个学生掉队——国际视野下的教育均衡实践》	乔　鹤	28.00
	181	《从白桦林到克里姆林宫——俄罗斯中小学教育纪实》	赵　伟	30.00